2018

Monitoring Report of the Collective Forest Tenure Reform

集体林权制度改革监测报告

国家林业和草原局"集体林权制度改革监测"项目组 著

中国林业出版社
·北京·

图书在版编目（CIP）数据

2018集体林权制度改革监测报告/国家林业和草原局"集体林权制度改革监测"项目组著. —北京：中国林业出版社，2020.5

ISBN 978-7-5219-0557-1

Ⅰ.①2… Ⅱ.①国… Ⅲ.①集体林－产权制度改革－研究报告－中国－2018 Ⅳ.①F326.22

中国版本图书馆CIP数据核字（2020）第073232号

策划、责任编辑　李　敏

出版发行	中国林业出版社（100009　北京市西城区德内大街刘海胡同7号）
	http://www.forestry.gov.cn/lycb.html　电话：(010)83143575
制　版	北京美光设计制版有限公司
印　刷	北京中科印刷有限公司
版　次	2020年6月第1版
印　次	2020年6月第1次
开　本	889mm×1194mm　1/16
印　张	11.5
字　数	252千字
印　数	1～1000册
定　价	139.00元

未经许可，不得以任何方式复制或抄袭本书之部分或全部内容。

版权所有　侵权必究

本书编委会

领导小组

组　　长：张建龙
副组长：张永利　刘东生　李春良
成　　员：李　冰　刘　拓　闫　振　李明传　凡科军　胡崇富　林旭东　邱水文　彭顺喜　任治忠
　　　　　薛建兴　王建设　宋维明　兰思仁　黄英金　卢先明　郭辉军　罗　军　郁继华

总项目组

组　　长：李　冰　王俊中　马爱国

分项目组

总报告组
组　　长：刘　璨　缪光平　刘建杰
成　　员：文彩云　王雁斌　韩　枫　余琦殷　李　扬　林　琳　戴永务　刘丰波　何铭涛

辽宁组
组　　长：温亚利　王德增
成　　员：贺　超　吴红梅　杨桂红　袁畅彦

福建组
组　　长：刘伟平　徐文辉
成　　员：董加云　戴永务　王文烂　冯亮明　卢素兰　刘丰波　冯　鑫

江西组
组　　长：朱述斌　谢利玉　李建中
成　　员：谢芳婷　康小兰　张凡永　杜　娟　刘小进　胡水秀　刘　滨

湖南组
组　　长：曾玉林　蒋红星
成　　员：胡焕香　宋　璇　欧阳朔斯　曾一夫　刘健挺

云南组
组　　长：王　见　李伟平
成　　员：李春波　谢彦明　匡英鹏　伊文霞　奎建荣　杨红朝　李石雄　陶德双

陕西组
组　　长：高建中　刘增祥
成　　员：杨　峰　刘　超　骆耀峰　龚直文　吴普侠　张　如

甘肃组

组　长：马丁丑　王顺彦
成　员：陈秉谱　赵丹玉　陈　瑜　高芸芸　马　晶　刘婷婷　武争华　李高峰

调查员（按姓氏笔画排序）

丁秀玲	马玉莹	马邵越	马忠强	王川梅	王子琪	王　松	王雨格	王金娣	王晓翠	王淑敏
王　超	王紫恒	王　强	牛佳佳	文子慧	邓　芳	石小春	石颜露	卢　珊	叶咏梅	叶奕亨
付佳昱	冯　璨	邢颖晨	朱秋荣	伍文静	伍晶晶	延桢鸿	刘冬晴	刘　帆	刘芳芳	刘佳怡
刘梦演	刘　颖	关思宁	米　巧	江中碧	池　玲	孙　源	孙嘉临	苏静愉	巫林洁	李玉庭
李玉莹	李加林	李庆磊	李思雨	李崇郁	李　敏	李媛媛	杨仙艳	杨立举	杨　奔	杨家伟
杨婧英	杨　超	杨璐源	肖慧婷	吴宇轩	吴　非	吴　猜	邱欣阳	何云杰	何旅娜	何海波
张旭锐	张　宜	张选葵	张秋斌	张　涛	张　婷	陈文梅	陈　宇	陈凯莉	陈炎伟	陈俊峰
陈敏琪	陈　旎	范刘珊	林伟星	林佳娜	林婉龄	罗奕奕	周小燕	周孟冬	周铭德	屈海娜
胡雨梦	柳建宇	段柯杰	施晓波	贾彦霞	徐　硕	徐露璐	翁　潮	高菊琴	郭金平	郭钟楠
郭美娟	郭勇鹏	郭骄阳	唐金朝	唐凛凛	黄小露	黄书苑	黄巧萍	黄　明	黄春兰	章王一
章玉微	蒋乾兴	韩天琦	程　钰	傅浣溪	曾　颖	温亚平	温映雪	游宇鹏	游　轶	谢裕慧
强庚正	靖丽云	熊庆璋	熊　洁	熊道虹	魏榕斌					

各样本县监测员（按姓氏笔画排序）

万　勇	习菊艳	马飞龙	王乃鹏	王冬玲	王宇奇	王进林	王国庆	王　法	王隆华	王德银
毛国平	凤天华	方建军	尹　安	邓晓蓉	邓　超	左　力	卢玉梅	田中玉	付守金	冯在建
冯春昌	曲　浩	朱晓鹏	朱海艳	朱静怡	乔海洋	自正红	向元吉	刘向阳	刘明伟	刘晓蓉
刘爱霞	刘婷娇	汤昌文	许接眉	杜登华	李介茵	李玉兰	李洪波	李继福	杨　军	杨清昱
杨　鸿	杨善荣	连培华	吴智晖	吴瑞雪	邱学春	邱承洋	余国东	冷德明	汪　杨	宋福鹏
张子云	张华营	张忠学	张建鹏	张根科	张　涛	张　燕	陈红霞	陈国兴	陈和隆	陈金豪
陈泽林	邵河根	邵　俊	林建春	林清贵	罗石林	罗成继	罗　会	罗会潭	周　军	周　清
胡礼富	胡伟仁	胡海德	柳雁飞	侯传生	秦志菊	秦利国	秦鲕亚	聂永辉	贾洪伟	柴秋仙
钱　路	徐　剑	徐冠松	高　博	郭万荣	郭　明	郭佳君	郭燕华	唐全忠	唐丽琼	黄小明
黄永江	黄安华	黄金平	黄厦晓	常玉峰	阎红玉	梁志礼	董国华	程　维	舒向敏	曾纪荣
温昌生	谢令菊	谢志梅	蔡荣华	熊　文	熊俊华	熊晓东	黎小池			

序

  党的十九大确立了实施乡村振兴的伟大战略，明确提出要坚持农业农村优先发展，加快推进农业农村现代化。这一伟大战略不仅重构了我国集体林业发展的战略目标和任务，而且系统指明了发展途径和方向，成为指导新时代集体林业发展的行动纲领。深化集体林权制度改革，是乡村振兴战略的重要组成部分，是服务乡村振兴战略大局的必然要求，也毫不例外地为实现农民增收和精准脱贫、解决集体林业发展不平衡不充分的矛盾提供了最佳途径。

  十年磨一剑，改革换新颜。自2008年中共中央、国务院印发《关于全面推进集体林权制度改革的意见》以来，这项改革在全国全面实施，10年来历经艰辛探索，推动集体林业实现了长足发展，为促进农民就业增收、维护森林生态安全、推进生态文明建设发挥了重要作用。国家林业和草原局从2009年起组织开展集体林权制度改革监测工作，2018年，在继续对辽宁、福建、江西、湖南、云南、陕西和甘肃等7个样本省70个样本县350个样本村和3500个样本农户进行跟踪监测的基础上，聚焦放活林地经营权、实现林业规模化问题，侧重林权流转、新型林业经营主体发展与农户的利益联结等方面内容的7个专题研究，回顾与总结分析了连续10年的监测结果。监测结果显示，林地承包到户后，农民真正成为山林的主人，山林成为农民的宝贵财富。全国新型林业经营主体达到27万多个，经营林地面积达到0.23亿公顷。农户户均获得森林资源资产约10万元，人均林业纯收入占总体的20%以上，重点区域可到达50%以上。改革使生态得到有效恢复，农民得到切实利益，山青民富乡村和谐，广大集体林区发生了可喜变化，初步实现了生态美和百姓富的目标。

  风物放眼量，再谋大发展。当前，深化集体林权制度改革任务依然十分繁重艰巨，产权模式结构单一，社会资本难以进入，林业的活力和动力都不足，还需要通过不断深化改革，培育动力、产生活力，提高生产力。必须建立集体林业良性发展机制，建立责权利明晰的林业经营制度，广泛调动农民和社会力量发展林业，充分发挥集体林生态、经济和社会效益，为乡村绿化美化、农民以林就业增收提供持续发展动力，真正实现"绿水青山就是金山银山"的战略构想。

  改革无止境，使命重如山。中央对集体林权制度改革提出了新的更高要求。使命在肩，重任如山。我们要把集体林权制度改革政策措施与乡村振兴战略和

扶贫攻坚战略相结合,加快推进农村林业发展。当前集体林权制度改革的重点是放活集体林地经营权,建立健全集体林地"三权"分置运行机制;培育新型林业经营主体,建立多种形式的利益联结机制;引导规范集体林权有序流转,发展多种形式的适度规模经营;大力发展抵(质)押融资担保机制,吸引社会资本支持林业发展,更好地实现生态美、百姓富的有机统一。

踏上新征途,目标在眼前。今后一个时期,集体林业改革发展要全面落实党的十九大和十九届四中全会精神,以习近平新时代中国特色社会主义思想为指引,完善集体林区治理机制和制度建设,坚持兴林惠民总基调,践行新发展理念,聚焦乡村振兴战略,以增强集体林业发展活力为突破口,全面深化各项改革,完善林业产权制度,优化林业经营机制,加快构建现代产权体系、产业体系、生产体系和经营体系,大力培育新主体、新产业、新业态,着力推动大地增绿、林业增效、农民增收,为决胜全面建成小康社会、建设产业兴旺、生态宜居、乡风文明、治理有效、生活富裕的社会主义现代化新农村作出更大的贡献。

让我们共同期待实现这一宏伟目标,并为之努力奋斗!

张永利

国家林业和草原局副局长、党组成员

2019年12月

目 录

序

总报告 ·· **001**

集体林权流转情况分析研究报告 ······································ **031**

集体林权流转政策研究报告 ··· **053**

家庭林场与农户利益联结机制研究报告 ···························· **079**

林业专业合作社与农户利益联结机制研究报告 ················· **099**

林业企业与农户利益联结机制研究报告 ···························· **125**

营造林服务主体研究报告 ·· **141**

生态护林员制度建设及其实施效果研究报告 ···················· **151**

附录 ··· **172**

后记 ··· **175**

总报告

2018 集体林权制度改革监测报告

监测背景

集体林是中国林业重要的组成部分，承载着生态文明建设、林业生产、农民脱贫致富、乡村振兴等重要内容。我国集体林产权制度虽然几经变迁，但是由于集体林产权虚置，以及历次林权改革政策法规不连贯、不稳定和不配套，致使没有真正确立农民产权主体地位，极大制约了林农经营的积极性，影响了林业发展和林农增收。为了解决这些问题，2003年6月，中共中央、国务院颁布了《关于加快林业发展的决定》，要求进一步完善林业产权制度。2008年6月，中共中央、国务院颁布了《关于全面推进集体林权制度改革的意见》，标志着我国集体林权制度改革进入全面推进阶段。

林地承包经营到户后，农民真正成为山林的主人，山林成为农民的宝贵资产。生态得到有效恢复，农民得到切实利益，山青民富乡村和谐。截至2017年年底，全国确权集体林地面积26.84亿亩[①]，占集体林改林地面积的98.97%；发放林权证及林权类登记证8193.18万本，发证面积25.76亿亩，占已确权林地面积的95.98%；集体林地经营权流转面积2.54亿亩，林权抵押贷款年末贷款余额1236.42亿元，新型林业经营主体达到27万多个，经营林地面积3.45亿亩；农户户均获得森林资源资产约10万元，户均林业纯收入占总体的20%以上，重点区域可达50%以上；33个改革试验示范区完成阶段性任务，形成了一批成功经验和典型做法。

为了跟踪集体林权制度改革进展，把握改革方向，评估改革效果，反映改革中出现的新情况、新问题，为决策提供系统、全面、及时和可靠的信息，2009年，国家林业局经济发展研究中心启动了"集体林权制度改革监测"项目，并在福建省开展试监测。2010年，监测项目在财政部正式立项并列入年度预算，由国家林业局经济发展研究中心、农村林业改革发展司和发展规划与资金管理司三家单位合作开展，国家林业局经济发展研究中心负责具体实施。监测项目依托北京林业大学、福建农林大学、江西农业大学、湖南理工大学、西南林业大学、西北农林科技大学和甘肃农业大学7所大学，在全国建立了多层级监测网络体系和多主体参与的合作研究机制。

集体林权制度改革监测项目采取典型性抽样和分层随机抽样的方法，在全国7个林改典型省份，每省抽取10个样本县，每个样本县抽取5个样本村，每个样本村抽取10个样本户，最终抽取70个样本县350个样本村3500个样本户为固定监测点。监测项目采取入户调查和专题调研相结合的方式，通过填写调查表和调查问卷获取有关集体林权制度改革进展、影响和效果的年度量化数据，通过与地方林业主管部门工作人员座谈交流和与各类林业经营主体的深入访谈获得丰富真实的案例资料。在此基础上，运用统计描述、计量分析、比较研究、案例研究等多种研究方法，全面评价改革效果，总结改革经验，发现存在问题，提出完善改革的政策建议。

[①] 1亩=1/15公顷，下同。

2018年，集体林权制度改革监测项目组继续对辽宁、福建、江西、湖南、云南、陕西和甘肃7个样本省70个样本县350个样本村和3500个样本农户进行跟踪监测，梳理总结了连续10年的监测结果，并聚焦放活林地经营权和实现林业规模经营主题，开展了集体林权流转情况、集体林权流转政策、家庭林场与农户利益联结机制、林业专业合作社与农户利益联结机制、林业企业与农户利益联结机制、营造林服务主体、生态护林员制度建设及其实施效果等7个专题研究。

监测结果

一、集体林权管理

(一)"明晰产权、承包到户"改革任务落实

2008年，全国范围内陆续启动"明晰产权、承包到户"任务，样本县的集体林地确权面积稳步提高（图1-1）。样本县的确权率和发证率逐年提高，集体林地确权率从2009年的81.65%上升至2012年的92.71%，发证率从91.14%提高到98.23%，这说明样本县紧紧围绕"明晰产权、承包到户"这个核心任务，把该分、能分的林地逐步承包到户，把该发、可发的林权证明确到地块。

根据样本农户的数据显示，新一轮集体林改之前，样本农户林地规模平均为40.95亩，每户平均拥有林地地块2.42块；2009年林改启动之后，样本农户林地平均规模上升至92.55亩，户均拥有林地3.30块，考虑到林权改革之前，林地几乎不能流转，因此，林权改革使得每个农户从集体林中平均分得1块林地，平均获得51.60亩林地。与此同时，林地规模的标准差也从106.81上升至222.41，表明农户在获得更多林地的同时，户均林地

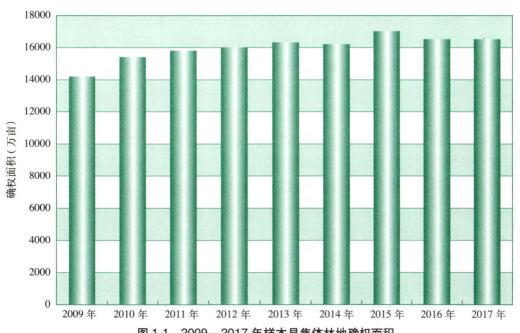

图1-1　2009－2017年样本县集体林地确权面积

规模的差距也在拉大。

分省来看，各省农户都通过林改获得了大量林地。辽宁省农户获得的林地从2008年的户均21.60亩上升至72.30亩，福建省农户户均林地从43.65亩上升至74.25亩，江西省农户户均林地从70.20亩上升至103.05亩，云南省农户户均林地规模从47.40亩上升至69.00亩，陕西省农户户均林地规模从23.25亩上升至154.35亩，这五个省的农户户均林地规模分别增长了3.35、1.70、1.57、1.46、1.45及6.61倍。辽宁省农户户均拥有林地数量则从1.47块上升至2.80块，福建省户均林地数量从2.38块上升至2.98块，江西省户均林地数量从3.43块上升4.17块，云南省从2.43块上升至3.26块，陕西省从2.11块上升至3.47块。从地块数量来看，辽宁和陕西两个省的样本农户在林改中获得的林地地块最多，平均获得了1.36块林地，同时这两个省的农户户均林地面积涨幅也是最大的。

从块均面积来看，各省农户平均每块林地面积均有所增加。辽宁省农户平均每块林地面积从林改前14.69亩上升至25.82亩，福建省农户从块均林地面积18.34亩上升至24.92亩，江西省从20.47亩上升至24.71亩，云南省从19.51亩上升至21.16亩，陕西省则从11.02亩上升至44.48亩，升幅最大，可见集体林改在一定程度上抑制了中国林地细碎化的进程。

"明晰产权、承包到户"任务完成之后，样本县已落实林地家庭承包的，没有发现随意调整或强制收回承包林地的情况；家庭承包制度落实不彻底的，按照村民意愿，继续将集体经济组织保留的少部分林地、联户发证的林地承包给农户，提高家庭承包经营比例。截至2017年年底，70个样本县集体林地确权面积1.64亿亩，确权率为95.35%；发证面积1.58亿亩，发证率为96.45%；有654.52万农户领到了林权证，样本县集体林地确权率、发证率和发证农户数等指标依旧保持在较高水平，进一步巩固集体林权制度改革成果，为下一阶段放活集体林经营权奠定了基础。

与此同时，各地出现了林地闲置的苗头，承包经营权实现形式急需丰富。林地承包到户后，农户对森林资源负有经营、管护的责任。监测结果显示，部分农民承包林地后，在营林护林上"热了一阵子"，然后对林地进行了闲置。在2013年，42.11%的样本农户没有上过山，没有参加过任何形式的造林营林，闲置占农户承包林地总面积的38.90%；有48.74%的样本农户没有上山进行森林资源管护。部分农户不造林营林，林地不履行管护责任的主要原因：一是家庭人口下降，外出打工人数增多，没人造林营林、无力造林营林。2011-2017年，样本农户家庭人口下降了3.28%，长期外出打工人数增长了7.52%。劳动力外出打工导致农户开展再造林、林地补植、"三防"相当困难。二是农户受教育程度偏低，专业知识和技能相对匮乏，83.39%的农户仅接受过初中及以下教育，仅有1.8%的农户接受过大专或本科及以上教育，因此农户在山上造林后不知道下一步该干什么。三是森林资源管护责任与生态效益补偿没有挂钩，缺乏有效的惩戒措施，农户尽不尽责一个样，产生政策性逆向选择。这说明在农村劳动力外流，空心化加重的情况，有必要探索集体林地家庭承包经营权新的实现形式，既能有效保护农户土地承包权益，又能实现资源增加和生态效益提高的目的。

（二）推进"三权"分置改革

为进一步完善集体林地经营权流转制度，实现集体林地经营权物权化，给经营权一个"身份证",自2013年开始,浙江省丽水市率先探索集体林地经营权流转证制度,将林地承包权和经营权分离,保留农民的林地承包权,流转林地的经营权,赋予"经营权"更多权能,调动社会资本投入林业的积极性,促进林地适度规模经营和科学经营。2014年,中央政府正式提出"三权"分置政策,开展改革试点,在2018年颁布的《中华人民共和国农村土地承包法修正案》中确立了土地经营权的法律地位(表1-1)。

表1-1 "三权"分置的政策演变

年份	主导机构	政策文件	政策内容
2014年11月	中共中央办公厅、国务院办公厅	《关于引导农村土地经营权有序流转发展农业适度规模经营的意见》	坚持农村土地集体所有,实现所有权、承包权、经营权"三权"分置,引导土地经营权有序流转,坚持家庭经营的基础性地位,积极培育新型经营主体,发展多种形式的适度规模经营,巩固和完善农村基本经营制度
2015年	国家林业局		批复了北京市房山区等18个县级单位开展集体林地"三权"分置改革试点,把林地承包经营权分为承包权和经营权,保留农民的林地承包权、流转林地的经营权
2016年10月	中共中央办公厅、国务院办公厅	《关于完善农村土地所有权承包权经营权分置办法的意见》	明确提出农村土地集体所有权、农户承包权、土地经营权要"三权"分置并行
2016年11月	国务院办公厅	《关于完善集体林权制度的意见》	逐步建立集体林地所有权、承包权、经营权分置运行机制,不断健全归属清晰、权能完整、流转顺畅、保护严格的集体林权制度,形成集体林地集体所有、家庭承包、多元经营的格局
2017年10月	中共中央	十九大报告	要巩固和完善农村基本经营制度,深化农村土地制度创新,完善承包地"三权"分置制度等,在依法保护农户承包权和集体林地所有权前提下,保证林地经营权的公平流转
2018年5月	国家林业和草原局	《关于进一步放活集体林经营权的意见》	加快建立集体林地"三权"分置运行机制,落实所有权,稳定承包权,放活经营权,充分发挥"三权"的功能和整体效用,是深入推进集体林权制度改革的重要内容,放活林地经营权是其核心要义
2018年12月	全国人大	《中华人民共和国农村土地承包法修正案》	明确了农村集体土地所有权、土地承包权、土地经营权"三权"分置,在法律中科学界定了集体土地所有权、土地承包权、土地经营权的内涵、权能及相互关系,确立土地经营权的法律地位

在国家层面尚未出台专门政策文件的情况下,一些省份以颁发经营权证的方式对流转的林地经营权进行确认,实现集体林地承包权和经营权的分离,助推林业适度规模经营。福建三明把规范经营权流转作为配套改革的一项任务,以沙县为试点,开展林地所有权、承包权、经营权"三权"分置改革,制定林地经营权流转登记管理办法,在全省率先核发林地经营权证,赋予林地实际经营人在林木采伐审批、征地青苗补偿、经营权抵押登记等权能,促进林地经营权有序流转。截至2015年年底,试点已发放林地经营权证415宗、4.16万亩,林地经营权证抵押贷款31笔、3085万元。从样本农户对"三权"分置的了解和评价来看,有45.07%的农户了解"三权"分置,54.93%的农户不了解。有69.49%的农户认为"三权"分置好,26.67%的农户认为一般,只有3.84%的农户认为不好。64.25%的新型林业经营主体了解"三权"分置,比普通农户高出19.18个百分点。有50.76%的新型林业经营主体认为"三权"分置好,比普通农户低了18.73个百分点,31.98%认为一般,比普通农户高出5.31个百分点,17.26%认为不好,比普通农

户高于13.42个百分点，可见新型林业经营主体相比于普通农户，对"三权"分置更为了解，但总体评价更低。

（三）林权纠纷调处力度加大，纠纷发生数量减少

因集体林权制度改革带来的利益格局调整和利益关系变动，原有潜在的林权纠纷逐步显性化，新的矛盾冲突使纠纷多样化和常态化，新旧矛盾纠纷叠加，致使林权纠纷数量大幅增加，根据监测数据显示，2009－2016年，样本县的林权纠纷逐步增加，从2009年的7.26万起，逐步上升至2016年的9.61万起。与2009年相比，林权纠纷发生数量增长了32.37%。直到2017年，样本县的林权纠纷发生数量才明显减少。截至2017年年底，70个样本县共发生承包经营权纠纷4.85万起，与2016年相比，林权纠纷发生数量减少了49.53%（图1-2）。

虽然近几年样本县林权纠纷发生起数逐年增加，但纠纷调处率也逐年提高。自2010年以来，调处率均在95%以上，其中，2017年样本县共调处解决4.62万起，调处率达到了95.26%。调查发现，纠纷调处已经成为地方林业部门一项长期而又重要的工作任务，同时，地方政府按照"和谐林区"建设的改革要求，积极应对纠纷调处工作，逐步提高纠纷调处成效，维护林区和谐稳定。

当前，林权纠纷调处呈现以下特点：一是调处专业化。强化仲裁体系建设，仲裁机构的调处作用日益增强。截至2017年年底，全国共发生林地承包经营纠纷37.43万件，已调处33.52万件，其中经过仲裁机构调处的纠纷为498万件，占全部调处案件的14.85%，而2014年的比例仅为4.94%，仲裁机构调处承包经营纠纷的作用日益增强，与前几年比较有长足的进步与发展，全国林业承包经营纠纷调解仲裁机构已达805个。二是调处法制化。集体林地承包经营纠纷调处考评工作已单设一项列入年度综治工作考核评价范围，考评对象为地方政府，采取以省(含自治区、直辖市，下同)自评自查为主，国家林业和草原局组织复核抽查的方式进行。三是调处组织化。一些样本地区建立健全农村林地承包经营纠纷调解仲裁制度，构建"乡村调解、县市仲裁、司法保障"的纠纷调解仲裁体系，以专门机构、专业人员来专门调处林权纠纷。

图1-2　2009－2017年样本县林权纠纷发生数量及调处率

二、集体林权流转

(一) 林权流转面积明显下降，主要通过村、组统一组织流转

2009—2015年，样本县林权流转交易活跃，流转面积快速增加，累计流转面积从2009年的585.23万亩快速增加至2015年的2474.66万亩，增加了3.23倍，年均增速高达27.16%，占林地总面积的比例从2.73%上升至11.67%（图1-3）。其后林权流转的增长开始放缓。自2016年起累计流转交易面积增量大幅减缓，当年新增林权流转面积逐年下降，2015年当年新增流转林地面积467.15万亩，2016年大幅减少至186.77万亩，到2017年新增流转面积则进一步减少至103.93万亩。截至2017年年底，70个样本县共有11.46万户农户流出了承包集体林地的经营权，发放经营权流转证26.74万本。从流转林地类型来看，公益林和商品林流转面积分别占当年经营权流转总面积的11.64%和88.36%，从流转主体来看，农户承包林地流转和集体保留林地流转面积分别占流转总面积的89.64%和10.36%。

2017年，农户流转林地通过村集体、村小组统一组织流转的比例最高，达到了57.14%，其次是其他私下流转占比为28.57%，老板上门直接收购占比10.71%。与2013年相比，通过村集体、村小组统一组织流转的比例提高了13.42个百分点，其他私下流转降低了4.22个百分点，可见近年来农户的流转途径日益规范。流转林地的价格按照流转双方公平协商的比例是43%，也有33%的样本农户按照流入方的需求来定价。流转后，有73.08%的流转价款可以及时付清，也有23.08%的流转价款采用分次付的方式及时兑付。样本农户得到流转资金后，存起来和供其他使用的比例较高，用于林业生产的占比最小，只有3.57%。流转出去的林地有25.93%被用于非林业用途，22.22%被用于发展经济林。

图1-3 2009—2017年样本县林权流转面积及比例

(二)农户"惜地"现象明显,政策示范引导农户流转林权效应显著

从全部农户对林地流转的意愿来看,近年来农户对林地流转的热情始终不高,2017年,有85.38%的农户不想流转林地,比2016年上升了0.51个百分点。从连续年度数据来看,不愿意流出林权的农户比例始终保持在八成左右,总体看来,不愿意流转的意向比例有上升趋势。一方面有农户逐渐意识到林地价值的原因,宁可闲置也不流转,"惜流"现象明显:2017年样本农户中有35.55%的人希望以出租的方式流转林地,其次是转让(24.52%)和转包(21.67%),可见样本农户更希望以灵活而非永久性变更林地承包权的方式参与林地流转市场;另一方面,也有林权流转市场服务还不够完善的因素,使得农户难以有效便利地进行林权流转交易。从农户对林地流转结果的评价来看,流转林地的农户中,有高达40%的农户对流转林地的行为表示后悔(表1-2),该比例是近八年来最高的一年,说明农户逐渐意识到林地的价值,并意识到以前流转时低估了林地的价值。

表1-2 样本农户对林权流转的意愿和态度   %

年份	流转意向		对流转结果的评价		
	不想流转	想流转	满意	后悔	不好说
2010	79.17	20.83	67.54	27.20	5.26
2011	79.31	20.69	68.18	12.50	19.32
2012	81.78	18.22	52.94	21.27	25.79
2013	80.67	19.33	62.20	18.29	19.51
2014	82.14	17.86	58.78	25.68	15.54
2015	80.57	19.43	43.70	17.41	38.89
2016	84.87	15.13	40.74	25.93	33.33
2017	85.38	14.62	33.33	40.00	26.67

近几年,样本农户对林权流转的价格、程序和费用的满意度,尤其是对流转程序的满意度有所提高(表1-3)。这体现了各级政府在推动林权流转市场建设、促进市场发育,增加了农户林权流转收益等方面的成效,同时也体现了政府在简化流转手续和降低交易费用等方面的成效。

表1-3 样本农户对林权流转的满意度评价   %

年份	流转价格	流转程序	流转费用
2013	18.27	19.11	19.09
2014	17.27	17.90	17.79
2015	32.37	35.20	31.62
2016	32.53	41.67	33.73
2017	45.83	53.57	64.29

从样本农户流转林权动因发展变化比较情况可以看出,自2015年以来,政府有关林权流转的政策宣传、试点示范对农户流转动机影响较为显著。2017年,样本农户流转

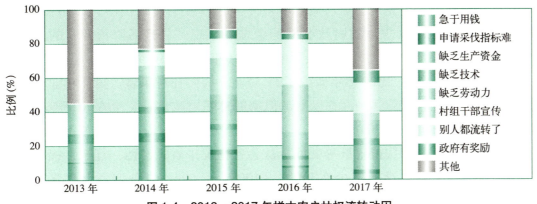

图1-4　2013－2017年样本农户林权流转动因

林地的主要原因是"别人都流转了"（占比17.86%），2016年是"村组干部宣传"（占24%），2015年和2016年也是"村组干部宣传"（占39%），这为规范政策示范引导，提高林地流转效果提供了依据。在此之前，影响农户流转林权最主要的三个因素分别是政府资金奖励、急于用钱和缺乏生产资金（图1-4）。

三、新型经营主体

（一）新型主体数量持续增长，平均经营规模有所下降

截至2017年年底，70个样本县共有专业大户、家庭林场、林业专业合作社和林业企业等四类新型主体9693个，经营林地面积占样本县林地总面积的12.58%。从近5年的数据看，专业大户、林业企业数量有下降的趋势，家庭林场数量趋于稳定，林业专业合作社数量逐年增加（图1-5）。2013年中央一号文件首提新型经营主体，当年样本县家庭林场数量为995个，2017年家庭林场数量为1117个，比2013年增加了122个，增长12.26%，年均增长2.93%。2017年林业专业合作社5357个，比2013年增加了2334个，增长了77.21%，年均增长15.38%。2017年专业大户1417个，比2013年减少了945个，下降了40.00%，年均下降11.99%。2017年林业企业1802个，比2013年减少了315个，下降了14.88%，年均下降3.95%。

2013年中央一号文件首次提出"构建新型农业经营体系"和"培育新型农业经营主体"以来，各省纷纷出台政策扶持新型林业经营主体发展，包括对新型林业经营主

图1-5　2013－2017年新型经营主体数量

体给予财政奖补，主要是对家庭林场和林业专业合作社的财政扶持。2013—2016年，样本县对新型林业经营主体的财政奖补资金总量呈现"先升后降再升"的态势，受供给侧结构改革、财政收入增速放缓影响，2016年各样本县奖补资金总额为1305.11万元，县均18.64万元；比2015年减少了21.35%。从奖补对象看，虽然林业合作社的奖补资金占比一直较高，达到80%以上，但家庭林场财政奖补资金在2016年有较大的增幅，为246.54万元，比2015年增长了86.04%，主要是因为2016年各省开始陆续出台家庭林场认定办法和扶持政策等文件。从各省情况来看，江西、辽宁、福建三省财政扶持力度较大，财政奖补资金在300万～400万元之间，其他四省财政奖补金额在百万元以内。2017年各样本县奖补资金总额为1515.02万元，县均21.64万元，比2016年增加了16.09%。从奖补对象看，林业专业合作社的奖补资金1367.53万元，占比达到90.26%，可见林业专业合作社数量的持续增加和财政奖补密不可分。2017年家庭林场财政奖补资金为147.491万元，占比为9.74%，较2016年减少了99.049万元，降幅达40.18%。

2014—2016年三年间，新型主体平均经营林地面积从2976.24亩扩大到3303.31亩，净增加327.07亩，增幅约10.99%。2017年新型林业经营主体平均经营林地面积2732.02亩，比2016年减少了571.29亩，降幅达17.29%。其中，林业企业的平均经营规模逐年上升，从2014年2261亩扩大至2017年3892亩，上升了72.14%，年均增速19.85%。截至2017年经营面积5000亩以下的林业企业1622家，经营面积5000亩以上的林业企业有180家。农民林业专业合作社由于数量增长较快，其平均经营林地面积有所下降，2015年平均经营规模为3709亩，达到顶点，到2017年平均经营规模减少至2075亩，降幅达44.06%。自2015年以来，专业大户经营规模基本稳定在3000亩左右。家庭林场经营规模则变化较大，2014年的平均经营规模为3647亩，到2015年快速扩大至4563亩，其后经营规模连续两年减少，到2017年平均规模在3468亩，略低于2014年的水平（图1-6）。

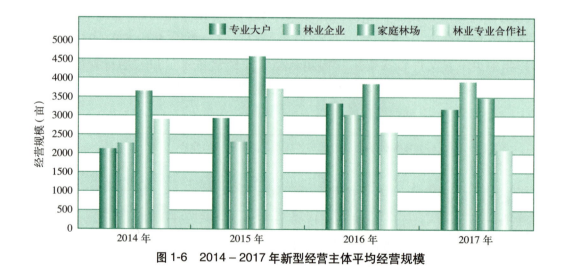

图1-6　2014—2017年新型经营主体平均经营规模

（二）新型主体实力不强，示范带动能力不足

随着集体林权制度改革的不断深化，新型林业经营主体数量在持续增加，在不断扩大经营规模，但总体实力仍不强，尚处于发展的初级阶段。家庭林场和林业专业合作社目前仍有赖于财政奖补进行发展，林业企业产值也不高，2017年，样本县林地经营规模在1000亩以下的林业企业平均产值为26.13万元；1000~5000亩林业企业平均产值为34.32万元；5000~10000亩的为51.50万元；10000亩以上林业企业平均产值为142.53万元。

林业专业合作社、家庭林场、林业企业和专业大户的示范带动效果有限，从样本县来看，2017年，样本县有30.94万户林农参与了合作社，占样本县全部农户数量的5.46%。从样本林农的角度来看，2017年，样本林农中有208户加入了林业专业合作社，仅占调查林农的6.77%，比例也很低，江西是七省中林业专业合作社数量最多的；其次是福建；数量最少的是甘肃与湖南。未能加入合作社的主要原因是当地没有合适的林业合作社。从合作社提供的服务来看，主要是提供生产服务和科技服务，占比分别为29.39%和22.54%，提供的加工服务最少，仅占5.28%。在林业合作社的牵头人中，以村干部和普通村民为主，分别占比62.69%与29.35%，说明在合作社的组建过程中，村两委依然发挥了很大作用。在村民入社方式中，有123户是以林地入社的方式，有12户是以林地入社、林木折资的方式，有62户是以其他方式加入合作社，其中大部分是以现金加入合作社，在组建合作社的过程中，"资源变资产、资产变股份、农民变股东"的"三变"形式是主导方式。

四、财政支持

自新一轮集体林权制度改革启动以来，在中央和地方财政及林业部门的共同努力下，我国林业财政补贴政策基本框架体系已日臻完善，逐步建立起了包括良种、育苗、造林、抚育各环节以及保护、恢复、利用各方面的政策支持体系。随着林业补贴政策迈向制度化的轨道，林业补贴的强农惠农作用更加明显。

（一）公益林生态补偿金额持续增加

新一轮集体林权制度改革全面启动以来，样本县的公益林生态补偿面积呈现出小幅度的波动。2009年，样本县获得生态补偿的公益林面积为6078.75万亩；2011年增加至6854.52万亩；之后数年出现了小幅度波动；截至2017年年底，公益林生态补偿面积6581.43万亩，占公益林总面积的88.53%。

近10年来，样本县获得的生态补偿金额数量有了较大幅度的增加。2009年样本县获得的生态补偿金额为35400.05万元；2011年快速增加至65313.40万元；其后稍有回落，到2014年大幅增加至91504.08万元，其后连续数年稳步增加（图1-7）。2017年，样本县获得的生态补偿金额达98850.45万元，为2009年的2.79倍，年均增速达13.70%。

2017年，样本县的国家公益林补偿面积占68.08%，平均补偿额为14.86元/亩，较2009年增加了8.76元/亩，增长了69.63%，年均增速11.77%；地方公益林补偿面积占31.92%，

图1-7 2009—2017年样本县生态效益补偿金额

图1-8 2009—2017年样本县公益林单位面积生态补偿金额

平均补偿额为15.36元/亩，较2009年的4.74元/亩增加了10.62元亩，增长了2.24倍，年均增速15.83%，比国家公益林补偿标准年增速高出4.06个百分点（图1-8）。无论是国家公益林补偿标准还是地方公益林补偿标准，在近十年间均呈现出持续增长的趋势，2017年地方公益林补偿标准更是反超国家公益林补偿标准。

（二）造林补贴面积和金额有所减少

2012年，样本县有113.89万亩获得造林补贴，占当年造林面积的13.15%；补贴金额17302.73万元，亩均补贴151.92元；到2013年，样本县有168.81万亩获得造林补贴，补贴金额达20286.30万元，二者均达到近年来的最大值；其后补贴面积和金额双双减少至86.52万亩和18120.67万元，并连续数年保持稳定；2017年，样本县有82.06万亩获得造林补贴，占造林面积的18.84%，补贴金额15634.41万元，亩均补贴190.52元（图1-9）。

对样本农户的监测发现：国家提供造林补贴能够较为精准地解决农户造林资金缺乏的问题，还能较好地激发农户的造林意愿。67.85%的样本农户认为：这项政策可以提高造林意愿；此外提供良种壮苗和改革采伐政策分别占到了13.33%和11.58%（图1-10）。

图1-9 2012－2017年样本县造林补贴面积和金额

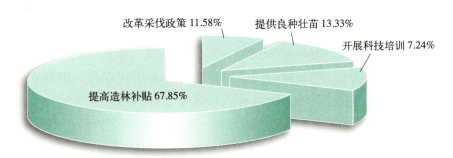

图1-10 提高农户造林意愿的政策措施

（三）森林抚育补贴面积和金额呈现小幅度波动

近年来，样本县森林抚育补贴面积、补贴金额以及亩均补贴金额均呈现出小幅度的波动（图1-11）。2012年，样本县森林抚育补贴面积123.83万亩，占抚育总面积的24.20%，补贴金额1.13亿元；有3.78万户农户获得森林抚育补贴，户均2989.42元；其后样本县森林抚育补贴面积和金额呈现小幅波动；到2017年，样本县森林抚育补贴面积

图1-11 2012－2017年样本县森林抚育补贴面积和金额补偿

149.60万亩，占抚育总面积的60.80%；补贴金额1.33亿元；有4.48万户农户得到补贴，户均1358.83元。

随着补贴面积和补贴金额的变动，单位面积补贴金额也小幅波动，2014年最低，为85.11元/亩；2016年最高，为101.48元/亩；2017年单位面积补贴金额为88.95元/亩。从农户数据中的抚育补贴来看，应抚育面积为3468.14亩，实际抚育面积为2924.14亩，实际抚育面积占应抚育面积的比例为80.82%。

五、林业投融资

（一）林权抵押贷款规模有所下降，农户贷款意愿较弱

自新一轮集体林改以来，样本县的抵押林地面积的变化总体呈倒"V"形趋势，从2009年的336.01万亩不断增加至2015年的1736.30万亩，其后两年连续减少，贷款金额和贷款农户数均有明显下降，2017年抵押面积为1005.25万亩，贷款金额为106.64亿元（表1-4）。自林改以来，抵押林地面积的比例以及贷款农户数的比例均较低，表明集体林改虽然让农户分到了山林，极大地调动了农户经营林业的积极性，但林农融资难、融资成本高、林权抵押借贷手续繁琐、林业资金投入不足等问题一直无法得到彻底解决，导致农户虽然有较高的贷款需求，但实际成功申请到林权抵押贷款的农户却不多。

从样本农户数据来看，农户林权抵押贷款需求较低。2017年，样本农户中有243户有林权抵押贷款需求，占比6.94%，其中，有63户申请了林权抵押贷款，占有需求农户数量的25.93%，大部分农户没有申请的原因主要是条件太高和太花时间。有55户成功申请到了林权抵押贷款，占申请农户数的87.3%；共抵押林地53.97万亩，占家庭林地总面积的1.85%，平均每户抵押面积11.46亩，是户均家庭林地面积的1.01倍；获得贷款370291.71万元，平均每亩贷款1457.6元；期限1.92年，利率8.15%。

表1-4 样本县林权抵押贷款年度情况

年份	2009	2010	2011	2012	2013	2014	2015	2016	2017
抵押面积（万亩）	336.01	373.56	773.07	1107.82	1239.76	1167.19	1736.30	1239.60	1005.25
比例（%）	1.57	1.74	3.64	4.46	5.81	5.46	8.19	5.80	6.94
贷款金额/余额（亿元）	21.98	35.30	69.24	99.89	126.24	156.06	215.29	150.56	106.64
亩均贷款额（元/亩）	654.09	945.07	895.71	901.64	1018.25	1337.09	1239.94	1214.56	1060.83
贷款农户数（万户）	1.20	1.40	2.32	4.35	5.02	5.16	6.50	5.63	4.71
比例（%）	0.20	0.23	0.38	0.69	0.83	0.84	0.74	0.90	0.67

（二）各地积极探索完善林权收储担保制度

林业生产周期长，经营过程中意外因素多，开办林权抵押贷款风险较大。为了有效缓解林权抵押贷款风险，推动林权抵押贷款发展，《国务院办公厅关于完善集体林权制度的意见》提出，"鼓励和引导市场主体对林权抵押贷款进行担保，并对出险的抵押林权进行收储。各地可采取资本金注入、林权收储担保费用补助、风险补偿等措施支持开展林权收储工作。"林权收储，就是由林农、银行、林业收储中心三方签订《林权抵

押贷款担保收储协议书》，林农以林权作为担保申请贷款，评估机构对抵押林权进行评估，收储中心对贷款进行担保，银行据此发放贷款。一旦贷款出现违约风险，收储中心负责处置抵押的林权资产，并偿还银行贷款。林权收储对打通林权融资"最后一公里"具有重要作用。各地在积极探索、完善林权收储担保制度。目前，林业收储中心主要由政府出资，政府作为担保者直接向债权人（银行）做出的在担保受益者（借款人）违约时支付债务的承诺。当贷款人发生贷款违约时，由政府代替债务人向债权人偿付贷款。因此，林业收储实质是一种政府担保。林业收储中心全程参与林权抵押贷款贷前审查、贷中与贷后管理。林业收储贷款集借款人、银行、评估、保险、林权收储中心等多方主体为一体，导入抵押、保证、出险、资产处置等机制。

近几年，福建、浙江等省积极探索发展林权收储担保、林业融资担保等业务，并出台了一系列地方性文件。2016年11月，《福建省林业厅关于进一步推进林权收储工作的通知》出台，进一步加强和规范林权收储工作。截至2017年年底，样本县共有林权收储机构10个，其中福建有9个，10个林权收储机构收储林地面积1.21万亩，处置林地1.1万亩，担保金额为5.31亿元。

目前，福建省林权抵押收储担保机制有四种不同的运作方式：一是政府独资、事业单位运作；二是政府独资、企业化运作；三是政府注资参股，企业化运作；四是民营独资，自负盈亏。由于林权抵押收储担保目前正处于起步阶段，因此，以政府主导来逐步推进，目前福建省18个市、县（区）林权抵押收储担保机构中，政府主导的有15个，政企混合所有制的有1个，完全市场化的有2个。随着林权抵押收储担保机制的逐步完善，政府将逐渐淡出，市场化的林权抵押担保收储公司将成为主体。

林权收储担保机制有效解决了林农的资金瓶颈问题包括：第一，从金融机构角度来看，林权收储担保机制大幅度降低了金融机构林权抵押贷款业务风险，解决了金融机构的后顾之忧，使得金融机构从不敢贷、不愿贷到多家银行争合作、争放贷格局转变；第二，从借款人角度来看，林权收储担保机制建立起借款人与金融机构之间的桥梁，有效解决了林农贷款难，贷款期限短、额度小、利率高、手续繁琐等问题；第三，林权收储担保机制破解了林业金融瓶颈，促进了林业产业发展和林农就业增收。

值得注意的是，虽然金融机构在利率上给予优惠，但是由于林权收储担保机构要收取担保费，再加上评估费、森林保险保费、监管费等诸多费用，利率下降的优惠基本上和担保费等其他费用相抵消，林农或林业企业的融资成本并没有显著降低也没有明显提高。但如果无财政支持，林权收储担保机构按照商业性担保费率收取担保费，林农的综合贷款成本将明显提高。

（三）森林保险广泛普及，保险产品不断创新

2017年，样本县共投保林地1.23亿亩，占林地总面积的58.25%；保险金额529.12亿元，亩均431.63元；保费总额1.39亿元，亩均1.13元；保费补贴1.02亿元，亩均0.83元，占保费总额的73.38%。经营主体实际负担保险费率为0.70‰；保险公司赔付4032.47万元，赔付率为29.05%，远远低于2017年农业保险赔付率（表1-5）。

表 1-5 样本县森林保险年度情况

年份	2009	2010	2011	2012	2013	2014	2015	2016	2017
投保面积（万亩）	3098.77	3891.64	9026.27	11618.84	15467.55	12927.29	13741.72	12162.71	12258.48
比例（%）	14.45	18.17	42.50	54.18	72.45	60.51	64.81	56.87	58.25
平均保额（元/亩）	372.45	391.25	409.62	480.38	428.63	437.16	439.14	424.84	431.63
平均保费（元/亩）	1.26	0.86	1.02	1.57	1.15	1.12	1.06	1.12	1.13
保险费率（‰）	3.38	2.19	2.50	3.26	2.81	2.57	2.42	2.63	2.62
经营主体实际负担费率（‰）	0.60	0.28	0.35	0.62	0.65	0.66	0.62	0.64	0.70

2017年，样本农户中有1558户参加森林保险，投保面积17.91万亩，占农户家庭林地总面积的68.23%，其中政策性森林保险占83.15%，商业性森林保险只占16.85%，保险金额2162.9万元，亩均120.76元，各种形式的统保是主要参保途径。农户风险意识低，参保积极性不足，参保农户仅占总数的44.51%，有超过五成没有参加森林保险的农户是因为觉得没有必要。从样本户的调查数据中来看，参加政策性森林保险的原因多数是因为想要减少损失和有保险补贴，其中主要的参保途径则是由省市、县级统一购买，通过合作组织来购买森林保险的农户数量很少。

自新一轮林权制度改革启动以来，森林保险得到广泛的推广，且在产品上、技术上以及机制上不断地创新。

一是森林保险产品不断创新。针对不同农户的情况，保险机构目前已开发出多种新型森林保险产品，例如通过评估多年期活立木价值以及火灾纯风险损失率构建的多年期森林保险产品；为解决林农常常面临因自然灾害造成经济林损失又无补偿的问题而开发的经济林保险；整体风险可控、承保理赔操作便捷的指数保险等。

二是技术服务创新助力森林保险发展。评估难、查勘难、定损难是阻碍森林保险发展的重要障碍，近年来，保险机构积极推动技术创新和应用，将互联网、3S技术和无人机等先进技术应用于森林保险，有效降低了承保和经营成本，提高理赔效率和精准度。

三是机制创新推动森林保险发展。我国森林保险大灾分散机制的健全和完善是森林保险持续健康发展的基础保障和必然要求。近年来，国家林业和草原局、保监会和财政部在建立和完善我国森林保险大灾风险分散机制方面开展了大量工作，主要包括：第一，建立健全大灾风险准备金制度，目前，我国农业保险大灾风险准备金已积累73亿元；第二，建立以中国农共体为核心的再保险体系；第三，鼓励各地积极探索建立农业保险大灾风险分散机制，通过地方政府出资建立大灾风险基金、地方政府与经办机构按比例共担超赔风险、国内外再保险安排等多种方式，化解农业保险经营中所面临的大灾风险。

监测成效

一、资源增长

（一）农户造林占比呈上升趋势

2009年，样本县营造林面积1356.97万亩，为近十年来营造林面积最多的一年，其后营造林面积不断减少；2014年，营造林面积为695.21万亩；2015年营造林面积上升至1268.36万亩，随后持续减少；2017年，样本县营造林面积为435.61万亩（图1-12）。自2009年以来，样本县已累计营造林7984.19万亩，平均每年营造林887.13万亩。

近十年来，样本县农户造林所占比例总体呈上升趋势，2009年，样本县农户造林面积288.22万亩，占当年营造林面积21.24%；其后农户营造林比例逐步增加，2013年以后，农户营造林比例基本稳定在55%左右；2017年农户营造林面积246.21万亩，占当年营造林面积56.52%，比2009年增加了35.28个百分点。

通过集体林权制度改革，农户以家庭承包经营方式获得集体林地经营权的同时，也负有造林绿化和加强森林经营的责任义务。农户自主经营权的实现关系到林农增收和产业发展，农户造林营林义务的履行则关系到森林资源数量增加和质量提升。监测数据显示，2017年样本村共有宜林地面积163.28万亩，占林地总面积的21.48%，说明样本村造林的潜力较大。样本农户中，有395户家庭有宜林地，占总户数的11.26%，宜林地面积共计0.99万亩。宜林地类型中，荒山荒地占65.72%；其次是林间空地，占15.65%；第三是采伐迹地，占8.91%；火烧迹地约占3.37%（图1-13）。

样本农户造林意愿较高，造林方式以自家造林为主。有宜林地的395户农户家庭中，计划两年内造林的农户占77.89%。从造林方式来看，选择自家造林的农户占比88.78%，雇工造林占比10.56%，其他方式0.66%。

图1-12　2009－2017年样本县每年营造林面积及农户造林面积比例

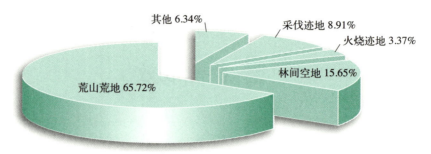

图 1-13　2017 年样本农户家庭宜林地类型

（二）木材产量持续处于低位

2009 年样本县木材产量为 566.72 万立方米；2011 年木材产量上升至近十年来的最高点达 700.34 万立方米，其后样本县木材产量持续处于低位；2017 年样本县木材产量为 493.18 万立方米，比 2016 年增加了 142.33 万立方米，其中村及村以下各级组织和农民个人生产的木材 405.33 万立方米，占木材总产量的 82.19%，自 2014 年以来，该比例已连续三年上升（图 1-14）。样本县木材总产量、村及村以下各级组织和农民个人生产的木材近年来均有上升，综合反映了林业改革政策的实施效果：国家全面停止天然林商业性采伐，国有林场改革定位公益服务、调减木材产量必然会减少县域木材产量；国家进一步放活农户承包商品林经营、全面推行集体林采伐管理简化改革，推进公益林科学经营，在不影响生态功能的前提下，按照非木质利用为主、木质利用为辅的原则，实行公益林分级经营管理使得集体林区木材产量提高，其中村及村以下各级组织和农民个人生产林木采伐量占比最大且持续提高。

在申请采伐指标时，有 8.02% 的样本农户遇到困难，其中指标少申请不到这一项困难占到了 56.03%，但 69.34% 的样本农户没有申请过采伐指标。对于目前的林木采伐管理政策，样本农户大多数表示满意，比例是 64.64%，对林木采伐管理不满意的受访农户占 10.54%。

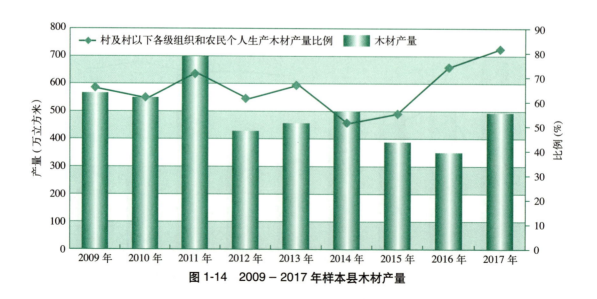

图 1-14　2009—2017 年样本县木材产量

二、农民增收与就业

（一）林业收入呈波动式减少，经济林收入占比最高

2009—2016年，样本农户户均林业收入总体呈现小幅波动变化，与2009年相比，2016年户均林业收入增长了17.02%，年均增长2.27%（图1-15）。与家庭其他类收入相比，林业收入的增幅明显过低，远远落后于其他收入来源，因此近两年林业收入在家庭收入结构中的比例不断降低。2009—2016年，家庭其他生产经营收入增加了196.61%，年均增长16.80%，其他收入（主要来自林农的外出务工或者其他类经营收入）增加了281.07%，年均增长21.06%，均远远高于林业收入增速。2011—2016年，样本农户的林业收入处于小幅度波动的状态，大致处于1.10万元到1.25万元之间波动。2017年，样本农户户均林业收入9256.19元，比2016年减少了2406.14元，锐减20.63%，为2011年以来最低水平；林业收入占家庭总收入的13.49%，比2016年减少了2.13个百分点，在家庭总收入的比例持续下降。调研发现，兼业是目前林区林农的主要生产经营方式，更多的青壮年劳动力涌向大城市，务工带来的收入远远高于林业与农业的增收幅度，这与我国城市化的推动不无关系。

2017年，样本农户家庭林业收入中，经济林、林下经济、竹林和用材林是林农的主要收入来源，分别占比38.68%、18.28%、11.91%和10.76%，合计占比达79.63%。与2016年相比，林业收入结构发生了重大变化，用材林收入占比从21.41%锐减到11.91%，减少了将近10个百分点；经济林收入占比大幅上升，从27.24%上升至38.68%，提高了11.44个百分点，经济林对林农家庭的作用愈发重要；竹林收入占比和林下经济收入占比也存在一定程度的下滑（图1-16）。

可见，样本农户林业收入与林业就业人口的下降，和林业收入结构存在密切关系。用材林一直都是林业收入的重要来源，但是随着市场木材需求量的下降，采伐成本的增加，以及推行全面禁止天然林的商业性砍伐，部分地方推行重点生态区位商品林禁伐政策，用材林带来的收入锐减，促使越来越多农户将家庭劳动力转移到其他领域。同时，也促使各地探索林农转型发展，寻找新的林业收入增加点。

图1-15　2009—2017年样本农户林业收入及比例

图1-16　2017年样本农户林业收入结构

（二）农户林业就业率小幅波动

在林改初期，林业就业率增长明显，近几年虽有小幅波动，但基本稳定在8%左右。2017年样本农户林业就业率8.01%，比2009年上升了1.46个百分点（图1-17）。2011年，林业就业人数达739人，其后一直到2017年，林业就业人数均维持在700人左右。可见，林改之后，农户增加了对林业的劳动力投入，但大部分农户还是将劳动力从林业转移到了其他行业。2017年样本农户的劳动力支出主要依靠家庭劳动自投劳动，从劳动力投入人数看，家庭自投劳动力和雇佣劳动力分别为3670人和3170人，分别占比53.66%和46.34%；从劳动投工数量来看，家庭自投劳动力和雇佣劳动力分别为14.88万日和8.57万日，分别占比63.44%和36.56%。

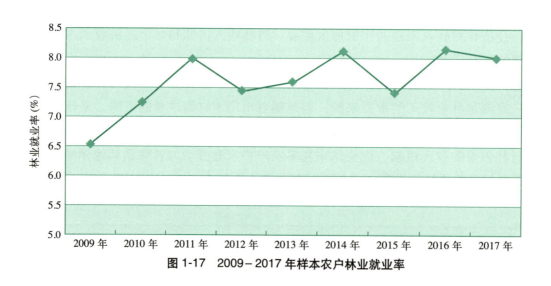

图1-17　2009—2017年样本农户林业就业率

三、林业产业发展

（一）林业总产值稳步增加

2009年，样本县林业总产值为659亿元，此后稳步增加；2017年，样本县林业总产值已达2003.90亿元，为2009年的3.04倍，年均增长14.91%（图1-18）。2017年，拉动地区经济增长2.11个百分点，比2010年下降了1.59个百分点。尽管样本县经济增长已进入新常态，从过去的高速增长已进入中低速增长，而同期林业产业发展势头良好，仍然维

图 1-18　2009－2017年样本县林业总产值

持年均两位数的高速增长,但在县域经济总量中,林业产值所占比例依旧偏小,同时,林业产值增长速度也有所趋缓,因此林业产值变动对对地区经济增长变动的影响力有所下降,表明林业产业对地区经济发展贡献还不够大,产业发展还需在增大总量、增加分量、提高质量上做文章。

(二) 林业产业结构不断优化

2014－2017年,样本县林业第一产业产值基本保持稳定,第一产业产值在600亿元左右(图1-19)。林业第二、三产业增长迅速,林业第二产业产值从2014年的764.15亿元增加至2017年1058.15亿元,增长了38.98%,年均增速11.46%。第三产业产值则从2014年的195.01亿元上升至2017年的283.32亿元,增长了45.28%,年均增速13.26%。2014年林业产业结构为42：47：11,其后逐步调整至2017年的33：53：14。林业第一产业所占份额逐年下降,而林业第二、第三产业的份额则逐年增加,表明样本县林业产业近年来能较好开展供给侧结构性改革,推动林业产业结构不断优化。尽管林业第三产业增速最快,但由于比例最低,所以四年间占比仅增加了2.25个百分点。而林业第二产业则增量最大,比例也一直稳定增加,表明样本县的林业制造业开始从低端向高端升级,这也是各生产要素从简单的资本、劳动力等粗放投入向技术、服务、管理等集约投入的提升。

图 1-19　2014－2017年样本县产业结构

（三）林下经济发展带动作用明显

2017年，全国林下经济产值6106.05亿元，参与农户数6526.55万户，示范基地有7151个，各级奖补资金8.92亿元，平均每个基地奖补约12.48万元，比2016年分别增加了516.44万户和937个示范基地，各级奖补资金增长率0.22亿元，平均每个基地奖补值减少了1.52万元。2017年，样本县林下经济产值428.47亿元，但样本县林下经济产值占林业产业总产值比例从2016年的22.56%下降到2017年的21.38%，这是2015年以来林下经济比例连续两年下跌（图1-20）。2017年，样本县林下经济带动就业人数202.71万人；农民人均林下经济纯收入2287.15元；林下经济产值构成主要以林下种植为主，占比34.29%，其次是森林景观利用，占比24.89%。

图1-20　2012－2017年样本县林下经济产值及其比例

问题与建议

一、主要问题

2008年，中共中央、国务院出台的《关于全面推进集体林权制度改革的意见》中提出确立农民的经营主体地位，保障农民的经营自主权、处置权和收益权，最大限度地调动农民群众发展林业的积极性，促进森林增长、生态改善、农民增收、林业增效和林区社会的和谐稳定，明确提出新一轮集体林权制度改革的目标是实现森林资源面积与蓄积量的双增和农民增收。为实现新一轮集体林权制度改革的目标，促进林业经营主体更好地经营集体林，中央与各级地方政府实施了一系列配套改革措施，在试点的基础上，逐步实施了林地流转、森林保险、林权抵押贷款、木材采伐限额、中幼林抚育补贴、造林补贴等多项政策措施，初步建立了新一轮的集体林权制度改革政策激励体系。对照集体林产权制度改革与配套改革的目标，总结集体林权制度改革10年的监测结果，得出集体林权制度改革还存在的问题并进行成因分析。

（一）林地林木确权问题凸显，林权纠纷矛盾突出

出现林权纠纷矛盾的主要原因有3个：

1. 林改前遗留的较难协调的问题

部分样本省区林改前遗留的林地流转"面积过大、租金过低、租期过长"等问题仍是影响农户集体林权制度改革积极性的重要因素。

2. 确权发证遗留问题

样本省区普遍存在主体改革时间紧、任务重，部分地区盲目追求进度，忽视村改质量，以致造成林地确权一山多证、山证不符、界址混乱等诸多遗留问题，并由此引发了许多新的林权纠纷和矛盾。随着林地不动产登记移交到自然资源部门，由于自然资源部门和林业部门协调衔接不良，出现一些样本县不再发放林权证，自然资源部门没有发放不动产证，迫切需要进行沟通协调。

3. 林改后出现的林地承包者和经营者新的矛盾和问题

随着改革的不断深入和林地林木资产价格的不断提高，对林改初期已经流转的林地和林木资产的效益分配成为林地承包林木资产所有者和经营者矛盾的焦点。

（二）农户造林积极性不高，经营林业意愿不足

集体林权制度改革将原本由集体经营的林地承包给千家万户农民经营，成为农民重要的生产资料。根据政策逻辑，农民营林造林的积极性应该有一个质的飞跃；但从调研结果看，尽管农户表现出日渐明显的经营林地的愿望，但实际上这种愿望还没有转化为现实的行动，蕴藏在农民身上潜在的积极性还远远没有发挥出来。导致农民营林造林积极性不高的原因，大致有5个方面：

1. 林业经营比较收益低下

经营林业相对于经营农业和畜牧业，具有生产周期长、投资数额大、经营风险高、比较收益低的明显特点。经营生态林，目前只能获得15元/亩的生态效益补偿。经营用材林，从幼林到成熟林需经历15～40年不等的生长期。回报较高的经济林从栽植到挂果产生效益也需要5～7年时间，且一次性投入是目前农村一般农户在没有外力扶持情况下所难以承受的。从比较收益的角度分析，在条件相同的土地上，种植粮食的收益要高于经营林业的收益。此外，受木材加工业向东南亚转移和中美贸易摩擦等影响，木材产品国际市场下滑，国外进口材的冲击，木材市场价格低迷，人工用材林造林预期收益下降。

2. 农村劳动力缺乏

随着城市化进程加速，农村劳动力大量外流，山区农村空心化日趋严重。监测结果表明，没劳动力造林是样本农户未来两年内无计划造林的最主要原因（占22.06%）；外出务工，家庭缺乏投入造林的劳动力是村民小组林地承包后未及时造林的最主要原因（40.11%）。

3. 经营成本高

一方面，造林抚育用工量大，营造林机械化程度低，劳动力成本不断上升，化肥农药等生产资料价格也不断上涨，导致造林成本不断提高；另一方面，从申请采伐到林木销售，要交纳伐区调查设计服务费、植物检疫费、木材检验服务费等的相关费用，而且还要交纳地方的一些税费。

4. 松材线虫病严重

全国松材线虫病疫区涉及16个省（自治区、直辖市）308个县（市、区），病害造成大量松树死亡，不仅疫木不能正常利用，还要花费大量的人力、财力和物力进行除害处理；松木及其制品流通受限制，松木价格大幅下跌，林区农民的收入减少。

5. 林木采伐受限制

受森林采伐限额的约束，林木所有者没有完全经营处置权，采伐限额审批程序复杂，流程繁琐，时间成本、社会关系成本等交易成本高，且难以确保在林木成熟时顺利采伐获得收益。

（三）林权流转规模不断缩小，农民"惜流"现象明显

林权流转是集体林权制度改革重要的配套改革措施之一，但林权流转规模有不断缩小的态势。截至2017年年底，70个样本县共有11.46万户农户流出了承包集体林地的"经营权"，较2016年减少了5.27万户。2017年，样本县林地经营权流转面积103.93万亩，比2016年减少了82.84万亩。2017年农民林权流转意愿创新低，85.38%的样本农户不想流转林地，比2016年上升了0.51个百分点。从连续年度数据来看，不愿意流出林权的农户比例始终保持在八成左右，总体看来，不愿意流转的意向比例有上升趋势。可能的原因如下：

1. 农户对林地、林权流转主观意愿不足

调研结果显示，很多农户认为："自己经营效益挺好""林地将来会成为个人资产，流转出去是败家行为"和"流转价格太低"等，这些原因造成农户流转意愿不高。

2. 林权流转因缺乏技术支撑而尚欠规范

多数地区没有正规的森林资源资产评估机构、林木产权交易市场和专业的评估人才。林地使用权流转、林木产品交易多在私下进行，部分买家不愿意办理过户手续，与林农达成协议后，在短期内即开始进行采伐，然后即卷款而逃。在经由乡、村、组的流转交易中又出现了搭车收费现象。个别流转宗数较多、交易面积较大的农户跨地区聘请的非专业评估机构，由于缺乏林业资源评估能力，且这些机构又是以盈利为目的，评估结果往往与市场实际价格相去甚远，对林农利益造成严重损害。

3. 林权变更登记成本高

林权登记从林业部门移交到不动产登记部门后，存在基础数据整合难度大、林权籍调查工作开展困难、林权监管与登记职责缺乏衔接、林权登记收费大幅增加等问题，导致林权变更登记办理时间和费用大幅提高，直接影响农户林权流转的意愿。

4. 转包和租赁的林权无法办理林权证

依照国家现行林权管理制度的规定，以租赁和转包等形式流转获得的林地承包经营

权，不能办理林权证，无法用林权抵押融资扩大林业投资，限制了林权流转，也不利于林业规模化经营。

（四）新型经营主体发展不规范，对小农户带动效应不强

培育新型林业经营主体是深化集体林权制度改革的重要抓手，是解决集体林改后林地细碎化问题，促进林业规模化经营，实现林业增效目标的重要举措。但新型林业经营主体发展仍然面临诸多瓶颈，规模经营效应发挥不足，联林带户利益联结机制不健全。其主要原因有4个方面：

1. 新型经营主体自身盈利能力不强

由于林业投入回收期长，新型经营主体的规章制度不完善，运作机制不健全，组织运行不规范，经营管理水平不高，导致新型经营主体的盈利能力较弱，普遍面临着"以短养长"的困境，近七成的林业企业亏损、基本持平或有微薄的盈利。

2. 税费减免政策不足

股份林场、"公司+基地+林农"、林业委托经营等新型林业经营主体，经工商部门登记注册后，需要增缴企业所得税（按利润20%计征）、个人所得税（按股东分红额20%计征）、偶然所得税（按造林、抚育等政策性补助款30%计征），并要求按时报送各类报表，相关手续繁杂，经营成本增加，直接影响林农组建新型林业经营主体的积极性。

3. 政策扶持力度不足

由于农民专业合作社示范标准主要依据农业生产特点制定，林业专业合作社特别是从事用材林生产经营的合作社由于林木生长周期长，林木主伐时才产生收益，因此合作社的经营收入总量和二次返利难以达到示范标准的要求，就无法通过评选省级以上示范单位获得政策或项目支持。

4. 林业金融支持不足

正规信贷融资渠道不顺畅，难以为家庭林场和林业专业合作社提供银行贷款，只能以个人名义向银行贷款，此外，现有林业贷款产品的贷款期限仍然偏短，难与林业生产周期相匹配。

5. 新型林业经营主体与农户之间的联结方式单一

规模经营主体与小农户利益联结强度整体偏低，利益联结多限于供产环节，而对于重要的销售环节产生的利润，农户参与不足。

（五）林业金融发展缓慢，林权抵押贷款下降明显

林改以来，由于林农分到了自己的山林，极大地调动了林农耕山经营林业的积极性，但林农融资难、融资成本高、林权抵押借贷手续繁琐、林业资金投入不足等问题一直无法得到彻底解决。根据林权抵押贷款执行的规定，相关政府部门出台林权抵押贷款的初衷在于解决农户林业生产中的资本瓶颈问题；但从调研结果看，林权抵押贷款集中度相当高，林权抵押贷款向大林业经营主体倾斜，没有实现解决小型农户的资金缺乏问题。集体林权制度改革监测10年的数据反映，林业金融发展缓慢，林权抵押贷款下降明

显，从林权抵押贷款供给者和需求者来看原因如下：

1. 金融机构发放贷款积极性不高

影响林权抵押贷款供给方——金融机构贷款供给的因素可归纳为：林业资产评估难、监管难、处置难。首先，评估难。由于林业部门尚未与银行实施森林资源信息共享，造成信息不对称，银行部门把资金贷出去需要进行资产评估。但市场上具有权威性的林业资产评估机构较少，林木评估市场中一定程度上缺少了统一的林业资产价值评估标准。森林资源资产评估由于林地的地理位置、林木的种类和质量、林木生长的林龄等而具有不同的资产估价，进一步增大了林木资源估价的困难。其次，监管难。由于林木资源的生长特征，需要对林木资源进行长期的管护。集体林权改革后林地使用权、林木所有权被小份额的细分给了农户，农户林木资源的使用权和所有权并不连山成片，有些森林资源地处偏僻的遥远地区，经营方式多呈现多点经营，进一步增加了金融机构对农户林木资源的监管难度。再次是处置难。由于金融机构缺少林业相关专业人才，在农户违约的情况下对林业的处置将面临诸多问题，如由于政府的限制采伐、林权流转市场不完善、林业政策的变动等原因，难以将林业资产进行及时的变现。而农户林权小额分散的特点将进一步增加金融机构在农户违约时对林木资源进行处置的难度。

2. 农户林权抵押贷款需求较低

大部分农户表示申请林权抵押贷款条件太高和太花时间。首先，农户贷款难。农户对林权抵押贷款缺乏系统性认识，不了解申请林权抵押贷款的程序与渠道。此外，当前林权抵押贷款额度低，周期短，而林业是一个前期投入大，经营周期长且见效慢的行业，资金量和贷款期限与林业经营实际不匹配难以达到预期效果，也无法实现激活林权抵押贷款市场的目的。其次，农户贷款得到担保难。林权证是申请林权抵押贷款的必要条件。虽然我国集体林地确权到户任务基本完成，但由于林业经营的特殊性，林权证发证到户的比例有限，尤其是有贷款需求的承包大户难以提供林业部门核发的林权证。此外，为了控制贷款风险，各地银行经营机构均实施了较为严格的贷款流程，如要求借款人在申请林权抵押贷款时提供担保。当前，林业担保机构较少，发育相对滞后，担保费用高，担保抵押难等也成为制约农户林权抵押贷款可获得性的重要因素。再次，农户贷款贵。根据调查数据，2016年样本农户抵押贷款平均年利率为8.15%。调查中发现，为了消除信息不对称的问题，银行往往聘请专业评估公司对林权进行评估，从而增加了林权抵押贷款的成本。而且面对较高的风险，银行通常对林权抵押贷款收取较高的利率，有些林权抵押贷款的利率甚至在基准贷款利率的基础上上浮40%～60%，高于其他贷款。

（六）林地经营权受限，生态美百姓富难统一

林改后，农户与政府关于经济发展与生态保护的矛盾需要引起重视，在没有进行集体林产权制度改革以前，这些矛盾属于隐蔽的；而新一轮集体林产权制度改革以后，农户希望获得更完整的林地经营权。同时，当前为了生态保护需要而实施的生态公益林补助制度、天然林禁伐政策等，使农户面临着经济损失，他们希望获得相应的经济补偿。

在一些地区，经济发展与生态保护的矛盾成为社会不稳定的隐患。

1. 地方随意加压森林资源保护力度

部分基层政府为追求"绿面子"，在国家规定的生态红线之外，不顾林业经营者的合法权益，随意加压森林资源保护力度，限制或禁止正常合理的林木采伐，甚至出现限额采伐指标大量剩余，严重挫伤林业经营者的积极性。

2. 森林可开发利用范围不断缩小

随着生态公益林区划界定、天然阔叶林禁伐、天然商品林禁伐，以及重点生态区位商品林限伐、自然保护地的划定，可用于人工商品林经营的森林范围越来越小。

3. 森林生态效益补偿标准过低

中央和地方财政对生态公益林的补偿标准逐年提高，但与商品林经营收益每年每公顷约1500元相比，差距仍较大；天然商品乔木林补助标准偏低，天然商品乔木林每年每公顷补助仅225元，与其经营收益相比差距更大，且与保护难易程度相当的生态公益林补偿标准少105元；大部分重点生态区位人工商品林不能采伐，却没有享受补偿政策，特别是已进入成熟阶段的林木，林农群众意见很大，矛盾日益突出。

4. 林木采伐政策多变

重点生态区位商品林和天然商品乔木林在集体林权制度改革中，同样作为商品林发包到农户，实行承包经营，但突然由于林木采伐政策变化，实行限伐和全面禁伐，使得经营者前期大量投资无法收回，此外，以重点生态区位商品林和天然商品乔木林作为抵押物的林权抵押贷款，也成为不良林业贷款的重要来源，造成林业经营者的严重损失，并严重地打击了社会资本投资林业的信心。

二、政策建议

（一）完善森林经营管理制度，激发社会投资林业的动力

1. 落实森林分类经营管理

一方面，严守生态保护红线，管好管严生态公益林，筑牢国家生态安全底线；另一方面，真正放活人工商品林经营权，尽快实行林木采伐备案制度，简化集体人工用材林的林政管理，赋予林业经营主体充分的经营自主权，充分调动社会资本进山入林的积极性。

2. 深化林木采伐制度改革

简化林木采伐审批程序，申请林木采伐许可证所需要的村和乡（镇）的签章资料全部取消，直接由林业相关部门审批，并限期过渡到林木采伐备案制度上来，降低林业制度性交易成本，赋予林木所有者真正的林木处置权才能调动林业生产者的积极性，才能实现森林资源"越采越多，越采越好"。

3. 试点工商资本租赁林地准入制度

鼓励各地依法探索建立工商资本租赁林地准入制度，建立工商企业流转林权的准入条件和监管制度措施不仅能够保障农民土地承包权益，而且能够为工商资本流转林权进

入林业领域经营提供便利和权益保障。

（二）完善林权流转机制，促进林权有序顺畅流转

1. 加强部门间协调配合

进一步完善林权管理部门与不动产登记部门的联系机制，建立档案资料查询互用机制，打通林权登记的数据通道，合并开展权籍调查工作，合力化解政策矛盾，提高林权类不动产登记业务水平。

2. 制定林权流转扶持政策

鼓励和支持地方制定林权流转奖补、流转履约保证保险补助、减免林权变更登记费等扶持政策，引导农户有序长期流转经营权并促进其转移就业。

3. 实施林地经营权证流转制度

加快推进林地"三权"分置改革，深入总结林地经营权证流转制度试点经验，尽快在全国范围内实施林地经营权证流转制度，通过林地承包权与经营权分离，突破了现行林权管理制度制约林地转包、租赁不能办证的难点，从而实现在保护林农切身利益不受损害的同时，消除林业生产经营者的后顾之忧。

（三）完善利益联结机制，提升新型经营主体经营水平

1. 完善林农利益联结机制

鼓励新型林业经营主体以合作、托管、入股等模式，与林农构建紧密利益联结机制，鼓励采取实物计租货币结算、租金动态调整、入股保底分红等利益分配方式，实现双方共赢，充分发挥新型林业经营主体的带动作用。

2. 提升经营管理水平

一方面，林业部门应采取多种培训方式，帮助新型林业经营主体带头人掌握政策和经营管理技术，努力造就一批懂技术、会经营、善管理的新型林业经营带头人队伍；另一方面，林业部门要积极指导新型林业经营主体建立健全各项生产管理制度，完善内部运行机制，搞好规范化建设。

3. 加大优质服务力度

加强部门之间的沟通与协调，尽快修订林业类农民专业合作社示范社标准，推进林业专业合作社省级示范社建设。市场监督管理部门将家庭林场、股份林场、林业委托经营等新型林业经营主体视同农民专业合作社予以登记注册，并开辟绿色通道，提供一站式服务，做到登记不收费、认资不验资、监测不年检。

（四）加大林业金融创新力度，优化林业投融资环境

1. 加大林业金融创新

探索建立专门的林业政策性银行，承担林业政策性金融业务，为林业和生态建设服务。积极探索林业资产证券化，拓宽集体林业融资渠道，盘活沉睡的庞大森林资产。探索简化林权抵押评估手续，试行林权抵押贷款100万元以下免评估，由林业部门、中国人民银行和中国银监会共同制定当地林地及林木评估指导价，使金融机构贷款发放有法可

依，减轻信贷员放贷风险压力。

2. 加快林业信用体系建设

结合二类森林资源调查，探索建立农民林权信用档案，并做好农民林权信用档案库信息共享和有偿服务的顶层设计，开展农民林权信用共同体贷款，破解林业融资期限短、融资成本高等难题，惠及广大林农，促进林业产业稳定快速发展。

3. 加大森林保险创新力度

优化灾害现场查勘方法，简化森林保险理赔手续，鼓励保险公司建立预付赔款制度，切实解决森林保险"理赔难"的突出问题。创新差别化的商品林保险产品，满足不同风险偏好的林业经营主体的差异化需求。在森林保险市场引入适度竞争机制，促进森林保险市场健康持续发展。

（五）加大财税扶持政策力度，降低林业投资成本

1. 加大财政扶持力度

林业财政扶持力度要与农业财政扶持力度相协调，保证林业收益不低于同等类型土地的收益，才能调动社会经营林业的积极性。要根据经济发展水平、生产成本和需求变化，通过增加预算资金安排，适时开征生态税、改革资源管理办法等多渠道筹措财政支持林业资金，构建林业财政投入的稳定增长机制。

2. 完善林业财政补贴机制

实行差异化补贴制度，要根据生态区位、地形地貌和造林成本等因素，对造林难度大的地区要适当提高补贴标准。加大造林补贴、森林抚育补贴的力度，扩大补贴对象的覆盖面。加大林区道路建设补贴力度，降低林业生产经营成本。扩大林业财政补贴的范围，把林业生产作业机具纳入农机具购置财政补助范围，提高林业机械化的水平。

3. 取消涉林相关税费

林业具有很强的正外部性，要积极落实中央的减税降费精神，建议取消伐区调查设计服务费、植物检疫费、木材检验服务费等的相关费用，取消林业的相关税目，切实减轻林业经营者税费负担，调动社会投资林业的积极性。

（六）保护林业经营者合法权益，促进生态美百姓富有机统一

1. 强化集体林权的法律保障

认真贯彻落实中共十八届四次会议通过的中共中央《关于全面推进依法治国若干重大问题的决定》以及国务院办公厅《关于完善集体林权制度的意见》的精神，加大林业立法，加强行政执法，加快简政放权，全面推进依法治林。严格依照法定权限和程序进行禁止或限制林权权利人经营活动，既不能降低标准也不要层层加码。建议正在修订的《森林法》专门增加集体林权合法权益保障的条款，依法保障林权权利人合法权益，任何单位和个人不得禁止或限制林权权利人依法开展经营活动。

2. 强化集体林权的制度保障

继续巩固和深化产权制度改革，将稳定和完善家庭承包经营制度、保障农民的林地承包经营权作为全面深化改革的一项长期任务和常态化工作，不断强化林权保护工作，

强化林权档案管理，建立林权数据动态管理制度，建立健全林地承包经营纠纷调解、仲裁制度，加快集体林权流转市场监管制度建设，从制度上维护农民的合法权益。

3. 完善森林生态效益补偿机制

一方面，多元化、市场化森林生态补偿资金的来源渠道，逐步提高补偿标准。当前，重点提高天然商品乔木林补助标准，尽快实现与生态公益林补偿标准一致，今后同步增长。另一方面，要改进补偿方式，实行分类补偿。建议在相关省份进行试点，开展生态公益林、重点生态区位商品林、天然商品乔木林的林分质量评估，分别按林地等级、阔叶和针叶树种、幼中成熟林、单位面积蓄积量等因子，测算森林生态效益价值，并作为主要依据确定森林生态效益补偿标准，实行科学分类补偿。

集体林权流转情况分析研究报告

2018 集体林权制度改革监测报告

监测概况

2018年,国家林业和草原局发布了《关于放活集体林经营权的意见》(以下简称"意见"),提出要加快建立集体林地"三权"分置运行机制,积极引导林权规范有序流转,创新林业经营组织方式,健全完善利益联结机制,推进产业化发展等重点任务。林权流转是其中关键内容,关系到各项任务目标的实现程度。为了解各地贯彻"意见"情况,监测集体林权流转的进展,发现流转中存在的问题,为相关政策进一步深化完善提供参考,按照报经国家统计部门备案的连续跟踪监测方案,2018年国家林业和草原局经济发展研究中心继续对辽宁、福建、江西、湖南、云南、陕西和甘肃7省70个县(市)的林业部门350个样本村和3500户固定样本农户上一年度林权流转行为进行了回访。

监测结果

一、样本农户流转面积波动较大,2017年流转面积下降明显

从发展趋势看,2010年以来,样本农户林权流转面积年际波动较大。2010-2017年,样本农户平均流转面积为29606.27亩,最高值为39706.02亩,最低值12106.20亩,极差为16911.02亩,标准差为5377.14亩。2013年和2017年形成了2个波谷,在2013年和2016年形成了2个明显波峰(图2-1)。

从参与农户情况看,自2010年以来,参与流转农户数整体呈现减少趋势,户均流转面积则呈逐年增加趋势(图2-2)。2010-2017年,除2013年和2015年较上年有所上升,参与流转样本农户数期间整体趋势呈明显下降态势。参与流转农户数最大值为2013年643

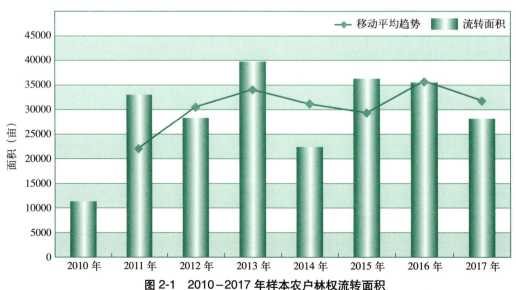

图2-1 2010-2017年样本农户林权流转面积

图 2-2 2010-2017 年参与流转样本农户数量

户，最小值为 2017 年 128 户，较 2013 年减少了 80.09%。2010-2017 年参与流转农户平均流转面积明显增加。2017 年参与流转农户平均流转面积为 222.01 亩，较 2011 年增加了 166.04 亩，增加 2.97 倍；较户均流转面积最低的 2012 年增加了 167.89 亩，增加约 3.10 倍。

二、流入林地多于流出林地，参与流转农户多以务农为主

2017 年，全国参与流转的样本农户流入林地面积高于流出面积 8628.43 亩；流入林地面积占到全部样本农户经营面积比例为 4.34%，比流出倾向面积占比高出了 2.21 个百分点。

从各年流入流出面积和比例（图 2-3）看，2010-2017 年参与流转农户各年平均流入面积 21725.50 亩，平均流出面积 9256.45 亩，平均流入面积高于流出面积 12469.05 亩；流入面积占全部样本农户经营林地面积比例为 7.26%，高于流出面积比例 4.18 个百分点。其中，2012 年流入和流出林地面积差值最大，2013 年的差值最小，2012 年流入和流出林地面积占全部样本农户经营林地面积比例的差值也是历年中最高，2017 年最低，2013-2016 年四年较为接近。

图 2-3 2010-2017 年样本农户流入流出林地比较情况

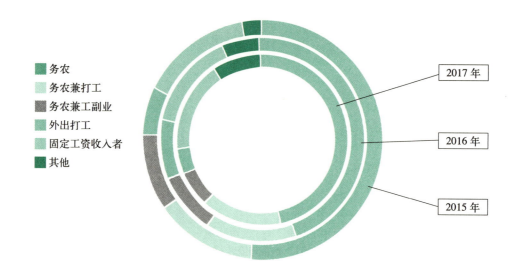

图 2-4　2015-2017 年参与流转样本农户身份特征

从参与流转农户身份特征（图2-4）看，2015-2017年，参与流转样本农户户主多以务农为主，其中，2017年占比为46.09%，2016年为43.94%，2015年为51.29%。此外，参与流转样本农户户主年龄多在50岁以上，其中，2017年占比为67.19%，2016年为56.83%，2015年为60.44%。

三、流转方式以转让、出租和转包为主，抵押和互换较为少见

2017年，样本农户林权流转方式以转让、出租和转包为主，三种流转方式占到流转交易总面积的80.98%，其中转让面积占流转交易总面积的36.59%，出租占34.88%，转包占16.59%，分别较2016年增加了5.33、2.91和1.47个百分点；抵押和互换继续维持极低比例，分别占流转交易总面积的0.58%和0.77%。

从流转方式结构与趋势看，2010-2017年，转让面积占流转交易总面积的比例平均值为37.88%，出租为20.83%，转包为18.75%，入股为12.16%，其他为8.64%，互换为1.19%，抵押为0.54%（图2-5）。具体来看：

（1）2010-2013年转让面积占流转交易总面积比例波动较大，均值为41.25%，标准差为17.74%；2014-2017年占比相对平稳，均值为34.51%，标准差为3.26。

（2）出租面积占流转交易总面积比例2010-2017年呈小幅上升趋势，2010年占比为3.46%，2017年占比为34.88%，2017年较2010年增加了31.43个百分点，年均增长4.49个百分点；2010-2014年间均值为13.85%，标准差为5.7。2015-2017年间均值为32.47%，标准差为1.8。

（3）转包面积占比2010-2017年间年际波动相对较小，标准差为4.86。入股面积占比2010-2017年间年际波动较大，均值为12.16%，标准差达到10.73。

（4）其他方式占比总体不高，年际波动也相对较小。但各年抵押和互换比例都非常低，其中抵押最高占比是2015年的1.69%，互换最高占比是2013年的8.56%，两种方式其余各年份占比都不超过1%。

图 2-5　2010-2017 年样本农户不同方式流转林权面积比例

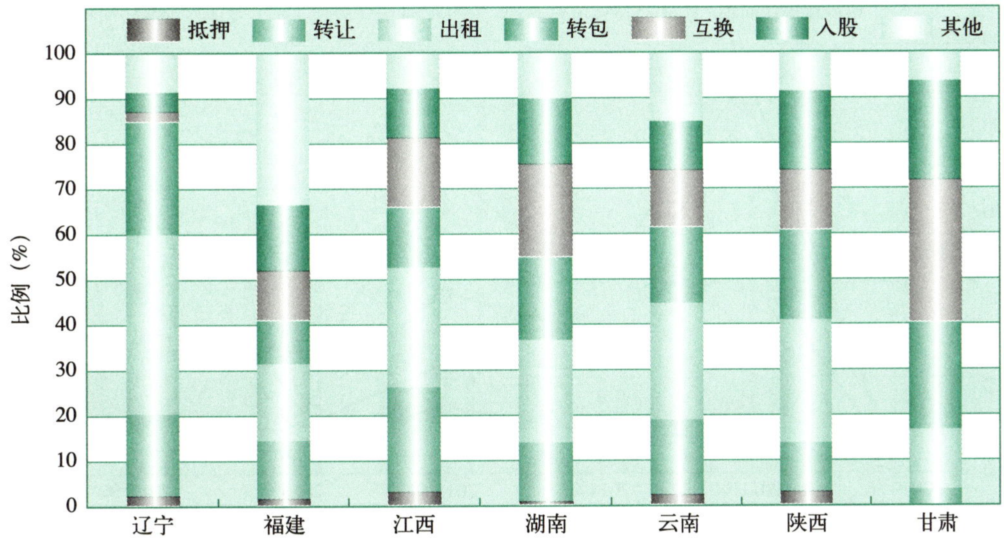

图 2-6　2015-2017 年各省样本农户不同方式流转林权面积平均比例

从流转方式省际比较看（图2-6），2015-2017年，湖南和云南两省样本农户流转方式多样化相对最高，福建、江西和陕西三省次之，辽宁和甘肃两省样本农户流转方式相对集中。以样本农户不同方式流转面积占该省农户流转总面积比例的多年平均值来看，湖南和云南两省占比前两位的流转方式比例之和分别为43.00%和43.29%，前三位比例之和分别为61.34%和59.77%；福建、江西和陕西三省占比前两位的流转方式比例之和分别为49.82%、49.55%和46.56%，前三位比例之和分别为64.64%、65.47%和64.36%；辽宁和甘肃两省占比前两位的流转方式比例之和分别为64.49%和54.26%，前三位比例之和分别为82.51%和76.99%。

四、流转林种以商品林为主，其中用材林流转比率较低

2017年，样本农户流转商品林19798.21亩，较2016年减少了5950.75亩，占全部流转面积的69.64%；流转公益林8619.67亩，较2016年增加了545.55亩，占全部流转面积的30.33%（图2-7）。

图 2-7 2010-2017 年样本农户商品林和公益林流转比较情况

图 2-8 2010-2017 年样本农户商品林流转结构

从流转面积和比例趋势看，2010-2017年，商品林流转面积和比例各年都显著高于公益林；虽然流转面积年际间有所波动，但总体都呈增加趋势，其中商品林流转面积增长趋势相对更强，公益林流转面积增长趋势相对更加平稳。

从商品林流转结构（图2-8）看，2010-2017年，总体上，其他林种流转面积比例占该类型家庭经营面积比例最高，其后依次是竹林、经济林、用材林；其中，用材林流转占比每年均垫底。

五、流转对象以村民为主，新型经营主体逐步介入

2017年，林权流转仍以村民间的交易为主，村民间流转面积占到了样本农户流转总面积的66.04%，较2016年下降了8.91个百分点，但仍然占据了流转总面积的六成以上。合作社、工商企业和其他新型经营主体合计流转面积占到了样本农户流转总面积的31.50%，较2016年提高了7.40个百分点（图2-9）。

从趋势变化看，2010-2017年，村民（包括本村和外村村民）始终是流转交易的主体，村民间流转面积占各类流转对象交易总面积的比例均值约为62.97%；其中，2015年的占比最高，为76.35%，2012年的占比最低，为43.06%；除2011和2012年占比略低于新型经营主体占比，其余各年份均显著高于新型经营主体占比；村民间的交易占比自2015年以来呈现缓慢下降趋势。

2010-2017年，新型主体（包括合作社、工商企业和其他）流转面积占各类流转对象交易总面积的比例均值约为35.76%；其中，2012年的占比最高，为56.58%，2015年的占比最低，为23.46%；2010-2012年，新型主体流转面积占比呈上升趋势，之后逐渐下降至2015年达到谷底，随后又逐渐攀升（图2-10）。

图2-9　2010-2017年样本农户林权流转对象情况

图2-10　2010-2017年农户与新型主体流转面积占比情况

六、农户流转林权意愿较低，意向流转农户偏好出租、转让和转包

2017年，样本农户愿意流转林权的农户有509户，占有效样本农户的14.66%，比2016年下降了0.47个百分点；不愿流转林权的农户有2964户，占有效样本农户的85.34%，比

2016年增加了0.47个百分点；2010–2017年，愿意流转林权的农户占有效样本农户的比例均值为15.16%，不愿意流转农户占比均值为84.84%（图2-11）。

从趋势变化看，2010–2017年，样本农户流转意愿基本维持在两成以下，年际之间变化不大，没有呈现明显的上升趋势；与之相应，不愿流转农户占比始终维持在八成以上，且未出现明显的下降趋势。

从流转方式偏好看，2010–2017年，有流转意向的样本农户始终倾向于出租、转让和转包的流转形式，其中倾向于出租的农户占比在绝大多数年份都占据首位，其后是倾向于转让和转包，同时年际之间波动相对更大；倾向于入股、抵押、其他和互换占比各年水平都很低，均未呈现明显的变化趋势（图2-12）。

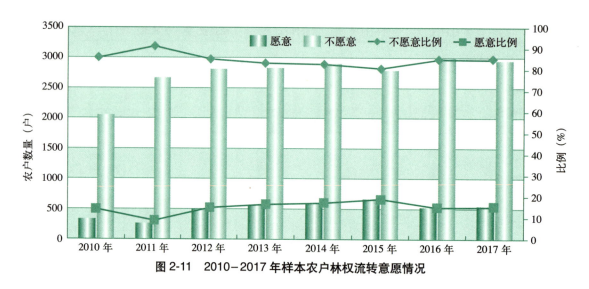

图2-11　2010–2017年样本农户林权流转意愿情况

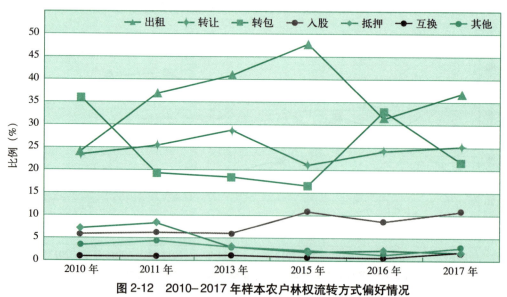

图2-12　2010–2017年样本农户林权流转方式偏好情况

七、农户流转林权动机趋于多样化，流转收入生产投资呈下降趋势

2010–2017年样本农户流转林权的动机趋于多样化（图2-13）。其中，2010–2013年样本农户大多出于两到三种动机流转林权，例如2010年为政府奖励和其他，2011年为

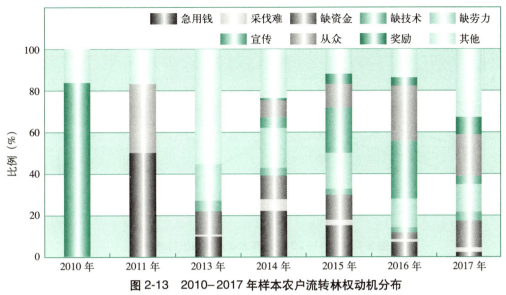

图 2-13 2010-2017 年样本农户流转林权动机分布

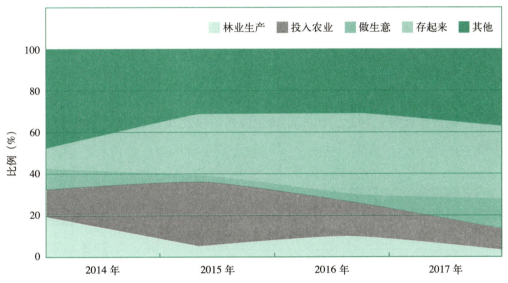

图 2-14 2014-2017 年样本农户流转林权资金用途

急于用钱、申请采伐指标困难和其他，2013年为其他、缺乏劳动力和资金；2014-2017年，样本农户流转林权动机日趋多样化，尤其是缺乏占据明显优势地位的主导动机。

从流转林权资金用途看，2010-2017年，样本农户流转林权收入资金用于生产投资比例呈下降趋势，2017年流转资金用于林业、农业和做生意占全部流转收入比例为28.57%，比2016年下降了2.75个百分点，比2015年下降了12.30个百分点，比2014年下降了15.13个百分点（图2-14）。其中，2017年用于林业生产的比例为3.57%，比2016年下降了7.27个百分点，比最高水平的2015年下降了16.43个百分点。

八、商品林流转价格反弹回升，公益林流转价格大幅下降

2017年，样本农户商品林流转单价为2.02元/（亩·年），比2016年提高了0.73元/（亩·年），提高幅度为56.59%，扭转了2013年以来的连续下跌趋势，出现了较大幅度

图 2-15　2011—2017 年样本农户林权流转单价

反弹回升（图2-15）。

2017年，样本农户生态公益林流转单价为1.63元/（亩·年），比2016年下降了6.62元/（亩·年），下跌幅度约为80.24%，扭转了2011年以来的震荡上升趋势（图2-15）。

从不同流转方式价格（图2-16）看，2017年入股方式价格为40元/（亩·年），比2016年提高了39.59元/（亩·年），比2015年提高了32.00元/（亩·年），比2014年提高了24.63元/（亩·年）；其他流转方式价格为1.05元/（亩·年），比2016年下降了2.75元/（亩·年）。2017年抵押、转让、出租和转包流转价格比2016年均有小幅上涨，平均涨幅为2.64%。

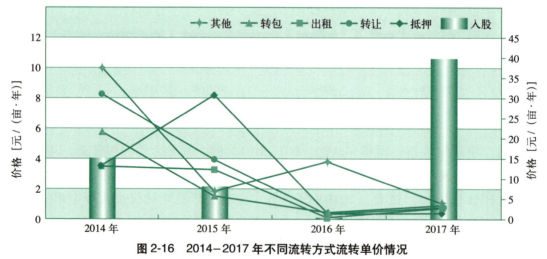

图 2-16　2014—2017 年不同流转方式流转单价情况

注：左侧纵坐标为抵押、转让、出租、转包和其他方式流转单价，右侧纵坐标为入股方式流转单价

九、农户对林权流转费用和程序满意度提高，对流出林地后悔比例增加

2017年，样本农户林权流转费用和程序满意度继续保持上升趋势，其中农户对林权流转费用满意度为53.57%，比2016年提高了19.84个百分点；农户对林权流转程序满意度为64.29%，比2016年提高了22.62个百分点。

从满意度变化趋势（图2-17）看，2013—2017年，样本农户林权流转费用和程序满意度整体呈持续上升趋势。2017年的农户对林权流转费用满意度较2013年的累计提高了34.48个百分点，年均增长6.90个百分点。2017年的农户对林权流转费用满意度较2013年累计提高了45.17个百分点，年均增长9.03个百分点。

从农户对流出林地心态（图2-18）看，2011—2017年，样本农户对流出林地满意度整体上呈持续下降趋势，同时对流出林地行为感到后悔农户的比例则整体上逐年提高。2017年农户对流出林地满意的比例为39.23%，较2016年下降了1.46个百分点；感到后悔的比例为42.86%，较2016年增加了16.93个百分点。2017年农户对流出林地满意比例较2011年累计下降了29.54个百分点，年均下降4.22个百分点；感到后悔比例累计增加了30.50个百分点，年均增加4.36个百分点。

图 2-17　2013—2017 年样本农户对流转费用满意度

图 2-18　2011—2017 年样本农户对流出林地心态情况

十、农户对流转价格满意度上升，对流转信息获取满意度下降

2017年，样本农户流转价格满意度为44.00%，比2016年提高了11.47个百分点；对流转信息获取满意度为17.50%，比2016年下降了3.20个百分点（图2-19）。

2013—2017年样本农户对流转价格满意度总体上呈上升趋势（图2-19）。其中，2017年满意度最高，2014年满意度最低；2013年以来，农户对流转价格满意度累计增加了26.73个百分点，年均增加5.35个百分点。

2014—2017年农户对流转信息获取满意度呈连年下降趋势（图2-20）。2017年认为获取流转信息比较难和很难农户的比例为70.78%，比2014年增加了27.83个百分点；2017年认为获取流转信息比较容易和容易农户的比例为17.50%，比2014年下降了12.49个百分点。

自2014年以来，认为获取信息难易程度一般农户的比例也呈持续下降趋势。其中，2017年为11.73%，比2014年下降了15.34个百分点。

图2-19　2013—2017年样本农户对流转价格满意度情况

图2-20　2014—2017年样本农户对流转信息获取满意度情况

问题与建议

一、问题与讨论

（一）农户流转意愿不强，影响因素复杂多样

2008年全面推进集体林权制度改革以来，绝大部分集体林地都已经确权承包到户，对调动广大农户的林业生产经营积极性，促进集体森林资源增效提质、农民增收致富、区域生态改善发挥了积极作用。但家庭承包经营也造成了林地管理细碎化与乡村振兴，现代林业的规模化、集约化和专业化发展之间的突出矛盾。林权流转就成为扩大经营规模、创新小农户和现代林业发展有机衔接机制的重要途径。

国家主管部门改革之初就充分意识到了集体林地承包到户与规模化、集约化经营之间的矛盾。自2008年以来，历次有关集体林权制度改革重大工作部署的指导文件中都特别强调了推动和规范林权流转的重要性，如中共中央 国务院《关于全面推进集体林权制度改革的意见》、国务院办公厅《关于引导农村产权流转交易市场健康发展的意见》、国务院《关于开展农村承包土地的经营权和农民住房财产权抵押贷款试点的指导意见》、中共中央国务院《关于稳步推进农村集体产权制度改革的意见》、国务院办公厅《关于完善集体林权制度的意见》、国家林业局《关于规范集体林权流转市场运行的意见》、国家林业局《关于加快培育新型林业经营主体的指导意见》。2018年5月8日，国家林业和草原局《关于进一步放活集体林经营权的意见》，核心内容是加快建立集体林地"三权"分置运行机制，积极引导林权规范有序流转，进而创新林业经营组织方式，健全完善利益联结机制，推动产业化发展，实现小农户与林业现代化建设有机衔接，推进适度规模经营。

从监测统计结果看，2010-2017年，愿意流转林权的农户占样本农户总数的平均比例为15.16%，最低值为8.80%，最高值为19.43%；参与流转的农户占样本农户总数的平均比例为5.92%，最低值为3.29%，最高值为14.37%（图2-21）；流转林地面积占样本农

图2-21 2010-2017年参与流转农户数量与占比情况

户家庭承包林地面积比例平均为9.77%，最低值为5.62%，最高值为13.37%。农户流转林权的意愿、实际参与情况和流转规模与国家和林业主管部门的期望、政策导向目标差距甚远。

从理论分析和相关实证研究成果看，农村人地关系、农村社会保障、林权产权状况、林权市场制度安排、社会经济条件（刘鸿渊，2018；郜亮亮等，2014；钟文晶等，2013；叶剑平等，2010；钱忠好，2002），农户特征、林权流转的交易和机会成本，农户的产权行为能力、家庭资源禀赋，农户对土地产权制度安排的预期和家庭生命周期等方面（石玲玲，2018；王欢等，2018；林善浪等，2018；吴巍等，2016；刘文勇等，2013；田传浩，2004）都可能影响农户的流转意愿和行为选择。项目监测数据的面板回归分析（见本章后附录）显示林权证发放情况、承包经营期限、流转政策的满意度对农户流转意愿有统计学意义上显著性的积极影响；而林业经营收入占家庭总收入比例越高，农户流转意愿则相对越低；家庭林地面积大、家庭成员有人担任村干部的农户流转意愿相对更强；从年龄特征来看，青年农户流转意愿要明显高于老年农户的流转意愿。

（二）社会资本参与流转程度较低，组织化经营水平亟待提高

农林业现代化重要特征之一是经营的组织化程度。林权流转的重要目的之一就是推进集体林业适度规模经营，实现小农户家庭承包与林业现代化经营的有机衔接。吸引产业资本投资林业，推动集体林业产业化、一、二、三产业融合发展是实现上述目标的关键之一。虽然我国林业产业体系内的相关上下游企业，理论上有流转和投资集体林业的内在动机，实践上也存在实施纵向一体化发展的迫切需求。但2010—2017年监测数据（图2-22）显示，8年间，工商企业参与流转林地面积占样本农户流转林地总面积的比例平均值仅为13.43%；2011年占比最高，为25.52%，2013年占比最低，为5.22%。流转林地主要是在本村或外村村民之间进行交易，集体林业经营主体仍以农户家庭为主，我国集体林组织化经营水平亟待进一步提高。

图2-22 2010—2017年三类主体流转林地面积占比情况

（三）流转方式偏好不利经营组织方式创新，制约利益联结机制

股份制与股份合作制企业是现代企业主流的组织形式，具有产权归属清晰、权责明

确、保护严格、流转顺畅和组织管理规范、内在发展动力机制强烈的特点，有利于集合分散的资源、资产，吸引专业人才开展适度规模的现代经营活动，对于改善资源动态配置效率，增加社会总效益具有突出作用。自集体林权制度改革以来，国家有关主管部门希望能在坚持家庭经营的基础性地位前提下，通过发展股份制和股份合作制集体林业经营组织形式，如股份制和股份合作制林场，探索集体林经营权新的实现形式和运行机制，推广集体林资源变资产、资金变股金、农民变股东的"三变"模式，增加农民财产收益和劳务收入；特别是要鼓励和引导工商资本到农村流转林权，建立产业化基地，向山区和林区输送现代林业生产要素和经营模式，以股份制和股份合作制为核心机制激发更多的农民主动参与林权流转，并与工商资本建立紧密的利益联结机制。

上述政策的出发点既有利于提升集体林业经营水平，也有利于农民增收致富和区域生态改善，但在流转实践中却和农户的流转方式偏好产生明显的矛盾。2010–2017年，出租、转让和转包是农户最为青睐的流转方式，入股方式流转林地面积占农户流转林地总面积比例绝大多数年份都明显低于其他三种方式，表明农户并不是非常愿意采取入股方式进行林权流转（图2-23）。农户这种流转方式的偏好对集体林业经营组织方式创新、利益联结机制健全完善方面政策的效果造成的一定的限制。农户这种流转方式的偏好，与农户产权交易能力不足，更加重视林权的"在位处置权"存在一定关系；转让、转包范围主要在乡土友邻之间，亲友邻居基于长期交往中形成的默切，一般不会随意处置转入的林权，出租方式转入方的处置权较为有限，这三种方式，农户对流转出去的林权仍然拥有较高的控制权；但入股方式的转入方对转入林权拥有较高的处置权，并且较少受到转出农户的限制，如果转入方是工商资本，农户则进一步担心在与工商资本进行谈判交易的不对等地位，从而在流转对象与流转方式选择上出现了差序格局（钟文晶，2013）。

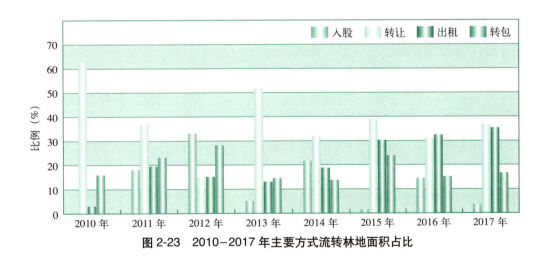

图2-23　2010–2017年主要方式流转林地面积占比

（四）农户流转政策需求不强，"三权"分置政策引导效应尚未显现

实施监测以来样本农户的流转意愿始终较低，导致2017年农户对完善和规范流转方面的政策需求程度也相对较弱（图2-24）。其中，对流转政策没有需求的农户为1355户，占受访农户数的38.61%；需求程度分值为7的农户数为393户，占11.20%；6分的263

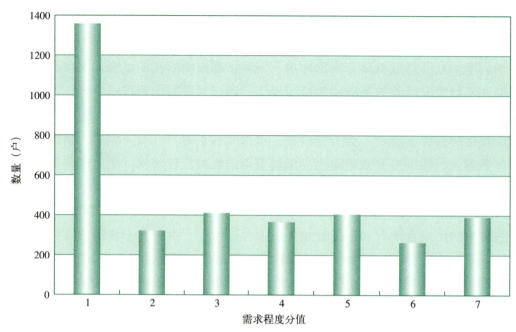

图 2-24 农户对完善流转政策的需求

注：需求程度最高为 7 分，无需求为 1 分。

户，占7.50%；5分的401户，占11.43%。需求程度5分及以上农户数合计为1057户，占受访农户数量的30.12%，需求程度4分及以下农户数为2452户，占69.88%，近七成农户对完善和规范流转方面的政策需求程度偏弱。

出于进一步推动林权流转，吸引社会资本投资林业目的考虑，近年来国家积极探索实施农村土地"三权"分置运行机制。国家林业和草原局近日决定把建立集体林地"三权"分置运行机制作为新一轮林业综合改革十大试验任务之一，以及破解制约林权顺畅流转体制机制难题的突破方向。但由于现阶段集体林农流转意愿不强，也导致了农户对该项政策的认识和行为响应受到了一定的局限，一方面半数之多的农户对林地"三权"分置政策机制尚不了解，另一方面对该项政策机制认知评价好坏参半，该项政策对农户流转参与的引导效应尚未凸显。监测数据显示，表示了解"三权"分置政策的农户数为1744户，占受访农户数的49.70%，不了解1765户，占50.30%；认为"三权"分置政策好的农户数为1654户，占受访农户数的47.14%，一般的1135户，占32.35%，不好的720户，占20.52%。

二、政策建议

要实现集体林地、林木资源在更大范围内的动态配置，通过流转广泛吸引社会资本，推动适度规模和集约化经营，应该从影响农户林权流转动机的深层社会因素角度完善相关政策。

（一）加快落实城乡统筹发展政策，降低林权流转对于农民的禀赋效应

在我国目前人地关系、城乡二元体制和农地家庭承包经营基本制度安排情况下，

农地（包括林地）对于农民兼具生产资料及社会保障双重功能（陈锡文和韩俊，2002）。土地对于农民来说，还是一种身份化的人格资产，流转土地形成了非常强烈的禀赋效益。因此，推动林权的流转应该考虑从城乡统筹发展的角度，彻底消除土地对于农民人格化资产的特性，降低林权流转对于农民的禀赋效应。加快户籍制度深化改革，促进有条件、有意愿、在城镇有稳定就业和住所的农业转移人口在城镇有序落户，依法平等享受教育、医疗、养老、住房等城镇公共服务和社会保障待遇，以"人动"带动"地动"。

（二）加强农民土地财产权保护，提高农民的产权交易能力

农户林权流转意愿偏弱还与农户土地产权强度和产权交易能力不足造成的禀赋效应有关（钟文晶等，2013）。为此，必须改变农村土地以身份为主要依据的赋权及其分配制度安排，构建以财产权为核心的新型农村土地制度，如借鉴有些地区关于集体资产产权制度改革的经验，明确集体经济组织成员资格以后，把全部土地（林地）股份化，再把土地股权按人均分配给每一个成员，土地股权可以继承和流转。同时统一农村土地方面的相关法律法规，如《土地管理法》和《农村土地承包法》，杜绝对农村土地制度的随意干预调整；同时结合乡村治理体系完善，提高农民的组织化程度，增强其土地财产权的交易能力。

（三）加大股份合作林场政策支持力度，引导集体统一对外流转

从实现集体林业规模化、产业化发展目标来看，工商资本对流转的深度介入不可或缺。但在现实的家庭承包、小农经营格局下，工商资本面对众多农户、大量分散地块逐一谈判流转，订立期限、条款各异的流转合同，并且还要对这些合同进行管理，交易成本之高可能超乎想象。如果首先引导支持农户以家庭承包林地林木折股组建各种形式与规模的股份合作林场，再由股份合作林场与相关工商资本采取适当形式进行流转，则可大大降低相关的交易成本，从而提高到农村流转林权建立产业化基地的吸引力。为此，可先在全国各地选择部分条件环境适合的村镇，开展新型股份合作林场的试点，对兴办股份合作林场给予一定的财政奖补和技术支持指导，相关部门在企业登记注册等程序方面予以支持。

（四）加大分类经营政策落实力度，进一步放活商品林经营权

工商资本介入林权流转，目的是获取合理的经济回报。在我国当前，集体森林资源经营仍然面临着诸多的不必要的政府干预，增加了经营成本、削弱了经济回报水平，制约了对工商资本的吸引力。为此，应加大落实国务院办公厅《关于完善集体林权制度的意见》关于"落实分类经营管理，放活商品林经营权"政策的工作力度，一是要稳定国家级公益林和商品林区划范围，尤其禁止未经合理的市场补偿把商品林纳入公益林的扩大范围；二是严格规范国家级公益林区划范围的调整，确需调整的，必须按照市场价格给予足额补偿，未足额补偿，不得进行区划调整；三是限制随意区域各级地方公益林，区域地方公益林如果涉及商品林范围调整的，由区化所在地政府按照市场价格足额补

偿，未足额补偿，不得进行区划调整；四是完善商品林的采伐更新管理制度，在不改变林地用途的前提下，赋予生产经营主体完全的生产经营自主权。

附录：农户流转意愿影响因素的实证分析

连年监测数据显示样本农户林权流转意愿很弱，而在我国现行家庭承包经营制度框架下，农户是林权流出的主体，农户的流转意愿和行为决定了我国林权流转市场的发生和发育过程。因此，借鉴农户农地及林权流转意愿及其影响因素的学术研究成果，对监测项目2010–2017年数据采用非平衡面板回归技术进行了实证分析，试图识别监测期内影响农户林权流转的影响因素来源，为流转政策的深化完善改革提供实证参考。考虑林地在农户家庭经济生产和社会功能方面的特点，选择了林地产权制度安排、农户家庭资源禀赋、农户家庭收入来源结构、林地流转交易成本、农户家庭特征等5类16个变量，采用logit面板回归方法分析其对辽宁、福建、江西、湖南、云南、陕西、甘肃7省2010–2017年间3500户样本农户流转林权意愿的影响。有关研究过程和发现如下：

（一）模型与变量

$$\log[p(Y=1/X)] = \ln\left(\frac{e^{\alpha + X_{ij}\beta_j}}{1 + e^{\alpha + X_{ij}\beta_j}}\right) = \alpha + \beta_1 X_{i1} + \beta_2 X_{i2} + \cdots + \beta_j X_{ij}$$

式中：p 为某事件发生的概率；Y 为被解释变量为"农户是否愿意将林地转出（1=是，0=否）"，属于0-1虚拟变量；e 为自然常数，其值约为2.71828；α 为常数项；β_j 表示第 j 个解释变量的参数系数估计项；X_{ij} 表示对于第 i 个农户而言的第 j 个解释变量。

变量说明见表2-1。

表2-1 变量说明及描述性统计

变量类型	变量名称	变量说明	全部样本 均值	全部样本 标准差
被解释变量	农户是否愿意将林地转出	1=是，0=否	0.16	0.362
林地产权制度安排	是否全部核发林权证	1=是，0=否	0.91	0.288
	有无承包合同	1=是，0=否	0.65	0.478
	承包经营期限	所有地块的最高经营期限，单位：年	60.87	14.816
农户家庭资源禀赋	家庭农业劳动力数量	除外出务工人员以外的家庭劳动力数量，单位：人	1.87	1.237
	家庭林地总面积	单位：亩	85.52	135.867
	林地地块数量	单位：块	3.55	2.494
农户家庭收入来源结构	林业收入所占比例	林业经营收入占全年家庭总收入的比例，单位：%	0.13	0.223
	非农收入所占比例	非农工作收入占全年家庭总收入的比例	0.51	0.371
林地流转交易成本	对流转价格的满意度	1=没有不满意，0=没有满意	0.23	0.419
	对流转政策的满意度	1=没有不满意，0=没有满意	0.43	0.495
	流转是否容易	1=是，0=否	0.22	0.414

(续)

变量类型	变量名称	变量说明	全部样本 均值	标准差
农户家庭特征	家庭人均年收入	单位：元/人	11130.39	9728.344
	家庭所在农村社会阶层	1=曾任干部，0=非干部	0.33	0.470
	户主年龄	单位：岁	52.77	10.285
	户主受教育程度	1=小学及以下，2=初中，3=高中（中专），4=大专及以上	1.78	0.750
	户主性别	1=男，0=女	0.95	0.211

（二）模型估计结果

模型估计结果见表2-2。

表2-2 模型估计结果

变量名称	回归系数	z统计量	概率p值
是否全部核发林权证	0.247***	2.65	0.008
	(0.093)		
有无承包合同	−0.082	−1.57	0.117
	(0.053)		
承包经营期限	0.004**	2.17	0.030
	(0.002)		
家庭农业劳动力数量	−0.005	−0.25	0.799
	(0.021)		
家庭林地总面积	0.001***	4.95	0.000
	(0.000)		
林地地块数量	−0.014	−1.38	0.169
	(0.010)		
林业收入所占比例	−0.509***	−4.04	0.000
	(0.126)		
非农收入所占比例	−0.139**	−1.96	0.049
	(0.071)		
对流转价格的满意度	0.018	0.28	0.781
	(0.064)		
对流转政策的满意度	0.154***	2.82	0.005
	(0.055)		
流转是否容易	0.094	1.59	0.112
	(0.059)		
家庭人均年收入	0.002	0.70	0.483
	(0.003)		
家庭所在农村社会阶层	0.153***	2.88	0.004
	(0.053)		

(续)

变量名称	回归系数	z 统计量	概率 p 值
户主年龄	−0.008***	−3.15	0.002
	(0.002)		
户主受教育程度	−0.044	−1.27	0.204
	(0.035)		
户主性别	−0.259**	−2.40	0.017
	(0.108)		
常数项	−1.412	−5.93	0.000
	(0.238)		

注：① 括号内为标准误；
② *、**、*** 分别表示变量在10%、5%、1%的显著性水平上显著。

（三）估计结果分析

1. 林地产权制度安排类变量

在其他条件不变时，是否全部核发林权证对于农户的流转意愿有正向作用，当全部核发林权证时农户会更有可能愿意将林地转出，这说明产权作为林地流转的核心内容，在当今和后林改时代中依然具有重要地位，农户看重产权是否明晰，当产权明晰时才易形成交易意愿，以此避免因产权不清而在未来引起林权纠纷导致的财产损失；林地承包经营期限的长短与农户流转意愿呈正相关，林地承包经营期限更长时，农户更有可能将林地转出，这可能是因为承包期更长时，农户将林地转出后承受的政策风险等各类风险更小。"有无承包合同"变量在统计意义上不显著，这可能是由于现有的林权管理尚不完善，林地承包合同尚未起到应有的法律和经济作用。

2. 农户家庭资源禀赋类变量

该类变量中，只有"家庭林地总面积"一项对农户流转意愿有正向影响且在1%的水平上显著，其余变量均未通过Z检验。当"家庭林地总面积"越大时，农户更有可能产生流转意愿，这可能因为林地面积较大时单个农户缺乏足够的生产力和生产资料来经营林地，从而更倾向于将林地转出；同时，农户的家庭林地面积较大时，可能对于资产的处置决策就更灵活、选择范围更大，对于林地流转就可能会持更加开放的态度。"家庭农业劳动力数量"一项未通过统计检验，这可能是因为样本中该项数据较为集中，均值和中位数都约为2，标准差为1.237，未能形成有效数据，因此与大部分相关文献所得的结论不相符。变量"林地地块数量"不显著的原因可能是样本农户间差异较小，大多数农户的林地地块数量为3~4块，因此模型未分析出地块数量引起的流转意愿差异。

3. 农户家庭收入来源结构类变量

在其他条件不变的情况下，"林业收入所占比例"对流转意愿有负向影响，当农户林业收入占总收入的比例较高时，农户的流转意愿较低，这说明农户对林地的收入依赖性较高或者说林地在农户的经济生活中占据更高地位时，农户会比较不愿意转出林地，这可能是因为林业收入占比较高的农户对于林地有较强的禀赋效应，同时由于林地的经济功能更强从而对风险的接受程度更低，因此更倾向于自己保留林地。非农收入所占比例较低的农户更倾向于转出林地，这与预期的影响方向相反，这一方面可能是由于如今有大量农户选择兼业，从而非农就业不一定导致林地流转，另一方面可能是与未观测到的农业收入占比有关，非农收入、林业收入占比都较低的农户则农业收入占比较高，此时将倾向于转出林地。

4. 林地流转交易成本类变量

农户对流转政策的满意度对流转意愿有显著的正向作用，当农户对流转政策更满意时，农户产生流转意愿的可能性更高。这类变量中，农户对流转价格的满意度和"流转是否容易"在模型中未通过显著性检验，原因可能是受访农户对现有的流转价格不够了解、现有交易制度尚不完善因而没有产生有效数据。

5. 农户家庭特征类变量

"家庭所在社会阶层"会显著影响农户的流转意愿，本研究中以是否干部身份来衡量家庭所在社会阶层，由模型分析可知，干部身份的农户更有可能产生流转意愿，这可能是因为，第一，村干部有稳定的非农收入和工作，经营林地的需求和可用时间较少；第二，村干部为了起到带头作用可能会率先进行林地流转，从而带动村民的流转积极性；第三，村干部的平均认知水平可能高于其他农户，因而对林权流转的接受程度更高。"户主年龄"一项对流转意愿有显著的负向作用，户主年龄越高则流转意愿越弱，这可能因为年龄越高者更需要土地作为保障，对土地的"恋土情结"更严重，较年轻者更难接受商业化时代。"户主性别"对农户流转意愿有显著的负向作用，女性户主比男性户主的家庭更有可能产生林地流转意愿，这可能是因为女性户主家庭的可用劳动力更少从而林地撂荒现象更有可能发生，因此更倾向于转出林地。"家庭人均年收入"一项不显著影响流转意愿，但从前文中描述性统计部分可以看出，无流转意愿的农户收入水平要高于有流转意愿的农户，出现这一情况的原因可能是该变量与变量"林业收入所占比例"出现了多重共线性，经相关分析得知，两变量间确实存在显著的相关关系。"户主受教育程度"一项也未通过统计检验，这可能是由于本研究中只讨论了户主的受教育程度而未考虑其他家庭成员，当其他家庭成员受教育程度较高时可能会使农户的流转意愿更高。

参考文献

陈锡文，韩俊．如何推进农民土地使用权合理流转 [J]．中国改革（农村版），2002（03）：37-39．

郜亮亮，黄季焜，冀县卿．村级流转管制对农地流转的影响及其变迁 [J]．中国农村经济，2014（12）：4-11．

林善浪，叶炜，梁琳．家庭生命周期对农户农地流转意愿的影响研究——基于福建省1570份调查问卷的实证分析 [J]．中国土地科学，2018，32（03）：68-73．

刘鸿渊，陈怡男．农地流转与农民土地财产收入关系研究——一个利益属性与主体策略行为的视角 [J]．农村经济，2018（05）：22-27．

刘文勇，孟庆国，张悦．农地流转租约形式影响因素的实证研究 [J]．农业经济问题，2013，34（08）：43-48+111．

钱忠好．农村土地承包经营权产权残缺与市场流转困境：理论与政策分析 [J]．管理世界，2002（06）：35-45+154-155．

石玲玲．农地流转市场异质性、认知与选择意愿 [J]．农村经济，2018（04）：49-57．

田传浩，贾生华．农地制度、地权稳定性与农地使用权市场发育：理论与来自苏浙鲁的经验 [J]．经济研究，2004（01）：112-119．

王欢，杨海娟．大城市郊区农地流转特征及影响因素实证研究——基于西安市秦岭北麓684户农户调查 [J]．西北大学学报（自然科学版），2018，48（02）：284-290．

吴巍，张安录．农地流转影响因素研究——基于河南省4市625份农户调查 [J]．华中农业大学学报（社会科学版），2016（04）：107-113+131-132．

叶剑平，丰雷，蒋妍，罗伊·普罗斯特曼，朱可亮．2008年中国农村土地使用权调查研究——17省份调查结果及政策建议 [J]．管理世界，2010（01）：64-73．

钟文晶，罗必良．禀赋效应、产权强度与农地流转抑制——基于广东省的实证分析 [J]．农业经济问题，2013，34（03）：6-16+110．

集体林权流转政策研究报告

2018 集体林权制度改革监测报告

推进集体林权规范流转，将农户家庭经营与现代林业规模经营有机衔接起来，提高集体林区森林经营水平，是新型工业化、城镇化快速发展背景下建设现代林业的客观要求，也是农村经济发展的必然选择，事关广大林农的切身利益、森林资源的保护和发展以及全面深化集体林权改革的大局。为此，通过梳理江西省集体林权制度改革历程及集体林权流转政策，本专题以10个重点林业县50个村500个定点监测林农样本为研究对象，利用2010—2018年集体林权制度改革连续监测数据，分析了集体林区林权流转状况及主要成效，剖析江西集体林区林权流转实践中存在的政策问题，并提出对策建议。

江西省集体林区森林资源与林权改革概况

一、改革历程

江西省是南方集体林区重点省份，森林资源丰富，集体林改之前存在林业经营方式单一、林地产权不明晰、税费负担过重、经营机制不活、林业效益低下、林区农民收入过低等问题；而江西省农村人口近2/3生活在山区，国土的2/3是山区，2/3的县（市）为重点林业县（市），现代林业发展对江西省国民经济和社会发展具有重要意义。如何将江西森林资源优势转化为经济优势，成为行政管理部门迫切解决的难题。因此，江西省对于实施新一轮集体林改具有较强的迫切性，并对改革给予了高度重视，以期通过改革来激发林区农户生产积极性，提高林业生产力水平。

2004年集体林改前，江西省集体林地面积886.67万公顷，其中自留山163万公顷，占18.38%；责任山297.52万公顷，占33.55%；集体统一经营山林311.25万公顷，占35.10%；国乡联营49.07万公顷，其他主体经营65.83万公顷。到2009年，江西省已基本完成集体林权制度主体改革，包括林改前与边缘省份之间没有落实所属权的"插花山"等已有1006.67万公顷林地进行了确权，产权明晰率达到98.50%；完成林地使用权发证613.41万本，涉及宗地1174.39万宗、面积985.80公顷，林地使用权面积发证率达到97%。江西省集体林改主要经历了以下三个阶段：

一是试点阶段。2004年，江西省委、省政府结合省情，先后出台《关于加快林业发展的决定》《关于深化林业产权制度改革的意见》等文件，其中一项重要内容就是深化集体林业产权制度改革。同年9月，在崇义、铜鼓、遂川、德兴、浮梁、武宁、黎川等7个重点林业县（市）进行了旨在明晰产权、降低税费、促进农民增收的集体林业产权制度改革试点。

二是全面推进实施阶段。2005年，全省范围内铺开了以"明晰产权、减轻税费、放活经营、规范流转"为主要内容的集体林业产权制度改革工作。2006年年底，以"明晰产权、分山到户"为核心内容的集体林权制度主体改革基本落实。

三是完善和深化改革阶段。2007年初至2018年9月，陆续出台了包括加强林业社会化服务、完善林木采伐管理、规范林权流转、建立支持集体林业发展的公共财政制度和推进林业投融资改革为主要内容的一系列配套改革政策,以期不断完善和深化江西省集体林权改革。

二、江西省森林资源概况

据江西省第九次森林资源清查结果显示,截至 2016 年年底,江西省国土总面积 1669.46 万公顷,其中,林地面积 1079.90 万公顷,占 64.69%;森林面积 1021.02 万公顷,占林地面积的 94.55%,森林覆盖率 61.16%;全省活立木总蓄积量 57564.29 万立方米,其中森林蓄积量 50665.83 万立方米,占 88.02%。

自集体林改以来,江西崇义、信丰、遂川、永丰、乐安、黎川、宜丰、武宁、德兴、铅山 10 个样本县林业资源持续增长。如表 3-1 所示,2017 年监测样本县林地总面积 2882.67 万亩[①],与林改前(2004 年)相比增长了 4.65%。其中集体林地 2477.33 万亩,与林改前相比增长了 11.64%。集体林中商品林占 74.15%,公益林占 25.85%。2017 年,森林覆盖率平均达 74.51%,与林改前相比增长 13.50 个百分点,森林蓄积总量 10199.01 万立方米,与林改前相比增长了 79.76%。

表 3-1　林改前后样本县林业资源状况

类别	2004 年(林改前)	2009 年	2017 年
林地面积(万亩)	2754.69	2778.52	2882.67
集体林地面积(万亩)	2219.02	2232.71	2477.33
其中：商品林(万亩)	1418.84	1557.35	1836.98
公益林(万亩)	800.18	675.36	640.35
森林覆盖率(%)	61.01	71.54	74.51
森林蓄积总量(万立方米)	5673.65	6312.82	10199.01

林改后林农户均林地面积也明显增加。监测数据显示(表 3-2),集体林区林改前 500 个样本林农户均林地面积为 70.18 亩,户均林地块数为 3.49 块。林改后农户林地面积有了较大增长,2009 年户均林地面积为 103.54 亩,户均林地块数为 4.17 块。2009—2011 年,受林改后林地流出等因素影响,农户林地面积略有减少。2012—2017 年,监测农户林地资源又呈增加态势。2017 年,户均林地面积为 124.56 亩,主要原因为监测农户中林业大户增加,林地流入增多。自林改以来,农户林地块数总体较为稳定,户均林地块数一直在 4～5 块。

表 3-2　江西省样本农户林地和耕地状况

年份	户均林地面积(亩)	户均林地块数(块)	户均人口数(人)	户均劳动力数(人)
2004(林改前)	70.18	3.49	5.27	3.05
2009	103.54	4.17	5.22	3.07
2010	97.38	4.72	5.30	3.00
2011	93.83	5.00	5.10	3.00
2012	98.39	4.49	5.10	3.10
2013	102.70	5.37	5.14	3.11

(续)

年份	户均林地面积（亩）	户均林地块数（块）	户均人口数（人）	户均劳动力数（人）
2014	102.18	4.60	5.21	2.92
2015	114.53	4.72	5.25	3.21
2016	120.59	4.65	4.82	2.82
2017	124.56	4.17	4.82	2.71

集体林权流转政策梳理

一、国家层面关于集体林权流转政策

随着集体林权制度改革不断深入推进，集体林权流转对发展适度规模经营、推动现代林业建设和增加农民收入发挥了积极作用，但有些地方仍不同程度的存在流转行为不规范、侵害农民林地承包经营权益、流转合同纠纷增多、擅自改变林地用途以及林权流转管理和服务不到位等问题。为进一步加强林权流转管理，防范林权流转风险，保障广大农民、林业经营者和投资者的合法权益，规范集体林权流转，2009年，国家林业局出台了《关于切实加强集体林权流转管理工作的意见》，提出要规范集体林权流转行为，妥善处理集体林权流转的历史遗留问题，加强集体林权流转服务平台建设，强化集体林权流转的管理工作等要求，并制定了相应的具体措施以加强集体林权流转管理和指导工作，促进林业又好又快发展。2013年3月，国家林业局印发《关于进一步加强集体林权流转管理工作的通知》，进一步提出切实保障农民林地承包经营权，规范林权流转秩序、防范林权流转风险，完善制度、全面加强林地承包经营权流转监管，加强领导、确保林权流转健康有序发展四方面具体措施，以保障广大农民、林业经营者和投资者的合法权益。2014年12月，国家林业局、国家工商行政管理总局制定了《集体林地承包合同（示范文本）》《集体林权流转合同（示范文本）》用于引导和规范合同当事人签约履约行为。2016年7月，为使集体林权流转顺畅，切实避免"乱象"，国家林业局出台了《关于规范集体林权流转市场运行的意见》，严格界定了林权流转范围，如集体林权可通过转包、出租、互换、转让、入股、抵押或作为出资、合作条件及法律法规允许的其他方式流转；区划界定为公益林的林地、林木暂不进行转让，允许以转包、出租、入股等方式流转；并对林权流转原则、林权流转秩序、流入方资格条件、林权流转服务、流转合同管理等作出了明确细致的规定。2016年11月，国务院办公厅印发了《关于完善集体林权制度的意见》，明确提出了引导集体林适度规模经营，如积极稳妥流转集体林权、培育壮大规模经营主体、建立健全多种形式利益联结机制、推进集体林业多种经营、加大金融支持力度的指导意见（表3-3）。

表 3-3　国家层面关于林权流转政策信息

序号	出台或施行时间	文件名
1	2009 年 10 月	国家林业局《关于切实加强集体林权流转管理工作的意见》
2	2013 年 3 月	国家林业局《关于进一步加强集体林权流转管理工作的通知》
3	2014 年 12 月	国家林业局、国家工商行政管理总局《集体林地承包合同（示范文本）》《集体林权流转合同（示范文本）》
4	2016 年 7 月	国家林业局《关于规范集体林权流转市场运行的意见》
5	2016 年 11 月	国务院办公厅《关于完善集体林权制度的意见》

二、江西省级层面关于集体林权流转政策

江西省委省政府高度重视集体林权流转，在政策上给予了大力引导和规范，主要体现在两个阶段：

第一阶段主要是以规范林权流转政策为主（表3-4）。如，2009 年 10 月，江西省林业厅印发了《关于进一步规范林地流转有关事项的紧急通知》，为保障林地流转健康有序进行，提出流转面积 1000 公顷以上必须报林业厅审批、严格控制将林地流转给外资企业、规范流转林地的林权证变更等。2012 年 1 月，江西省林业厅印发了《关于规范林权流转和防范交易风险的通知》，提出严格审批程序和权限，加强林权登记审核把关，把握林权流转的政策界限，严格控制私下交易行为，规范森林资源调查与评估，加强林权流转的后续监管，加强林权管理机构和队伍建设。2014 年 9 月，江西省机构编制委员会办公室印发了《关于整合不动产登记职责的通知》，指出省林业厅应指导林地林木承包经营及有关合同管理，监督管理林权流转交易。

表 3-4　江西省关于林权流转相关政策简表

序号	出台或施行时间	文件名
1	2009 年 10 月	《关于进一步规范林地流转有关事项的紧急通知》
2	2012 年 1 月	《关于规范林权流转和防范交易风险的通知》
3	2014 年 9 月	《关于整合不动产登记职责的通知》
4	2014 年 10 月	《关于积极稳妥推进林地流转进一步深化集体林权制度改革的意见》
5	2014 年 12 月	《江西省积极稳妥推进林地流转进一步深化集体林权制度改革试点方案》
6	2015 年 12 月	《江西省集体林权流转管理办法（试行）》
7	2016 年 3 月	《加快林业改革发展推进我省生态文明先行示范区建设十条措施》
8	2016 年 8 月	《关于做好林权类不动产登记和林权管理服务工作的指导意见》
9	2016 年 11 月	《江西省林地适度规模经营奖补办法（试行）》
10	2016 年 12 月	《江西省集体林权流转管理服务体系建设指南》
11	2017 年 4 月	《江西省国有林权和集体统一经营林权交易管理办法（试行）》
12	2017 年 5 月	《关于全面推进林权流转管理服务体系建设的通知》
13	2017 年 8 月	《关于完善农村土地所有权承包权经营权分置办法的实施意见》
14	2017 年 9 月	《关于稳步推进农村集体产权制度改革发展壮大农村集体经济的实施意见》
15	2017 年 9 月	《关于改革创新林业生态建设体制机制加快推进国家生态文明试验区建设的意见》
16	2017 年 9 月	《关于完善集体林权制度的实施意见》

第二阶段主要是以稳妥推进林权流转政策为主。2014年12月，江西省林业厅制定了《江西省积极稳妥推进林地流转 进一步深化集体林权制度改革试点方案》，明确提出了推进林地流转的目的意义、主要内容、工作步骤、工作措施，并在武宁、分宜、贵溪、崇义、全南、上高、铜鼓、万年、遂川、安福、金溪11个县（市）开展"推进林地流转 深化集体林权制度改革"试点工作，通过试点示范，不断总结探索工作经验和做法，指导和推动江西省林地流转工作。2015年12月，江西省林业厅印发了《江西省集体林权流转管理办法（试行）》，从流转管理、流转服务、流转程序等方面引导林权有序流转交易，发展林业适度规模经营。2016年3月，江西省人民政府办公厅印发《加快林业改革发展推进我省生态文明先行示范区建设十条措施》，提出设立引导林地适度规模经营财政奖补制度，鼓励有条件的农户流转承包林地以及林地在公开市场上流转。2016年8月，江西省国土资源厅、江西省林业厅为引导林地健康有序流转，促进多种形式的林地适度规模经营，出台了《关于做好林权类不动产登记和林权管理服务工作的指导意见》。2016年11月，江西省林业厅制定了《江西省林地适度规模经营奖补办法（试行）》，鼓励引导林地在公开市场上规范流转，发展多种形式的林地适度规模经营。对林地适度规模经营主体按上年净增的流转面积50元/亩的标准予以奖补；林业合作社每个最高奖补5万元，家庭林场（专业大户）每个最高奖补3万元。2016年12月，江西省林业厅制定了《江西省集体林权流转管理服务体系建设指南》以促进多种形式林业适度规模经营。2017年4月，江西省林业厅、江西省公共资源交易管理办公室制定了《江西省国有林权和集体统一经营林权交易管理办法（试行）》，维护国有林权和集体统一经营林权交易平台秩序，以促进交易市场的有序发展。2017年8月，中共江西省委办公厅、江西省人民政府办公厅印发《关于完善农村土地所有权承包权经营权分置办法的实施意见》，提出积极引导土地经营权流向新型经营主体，充分发挥新型经营主体引领作用，利用有流转意愿农户的土地经营权成立土地股份合作社，发展土地股份合作经济。2017年9月，江西省委、江西省人民政府印发《关于稳步推进农村集体产权制度改革 发展壮大农村集体经济的实施意见》，提出有序推进经营性资产股份合作制改革，规范农村产权流转交易。2017年9月，江西省人民政府印发《关于改革创新林业生态建设体制机制 加快推进国家生态文明试验区建设的意见》，提出完善权益保护制度，大力培育家庭林场、林业合作社、专业化服务组织等新型林业经营主体，健全工商资本参与林业发展的长效机制，促进林地适度规模经营。2017年9月，江西省人民政府办公厅印发《关于完善集体林权制度的实施意见》，提出积极稳妥推进林权流转，加快培育新型林业经营主体，培育发展村级集体经济，促进适度规模经营。

三、江西省县级层面关于集体林权流转政策的实践

江西省各县市在规范和推进林权流转的过程中，切实执行中央、省市相关政策，并根据当地实际情况，进一步落实政策操作执行问题，使得各项林权改革和流转管理工作正常顺利开展。江西省集体林权改革跟踪监测10个样本县关于林权流转的政策和具体做法如表3-5所示。

表 3-5　样本县部分政策概况

序号	时间	地区	具体做法
1	2015 年	信丰县	把推进林地流转、发展高产油茶产业与精准扶贫结合起来
2	2015 年	武宁县	在全县范围内取消商品林采伐指标,推进生态文明先行示范区建设
3	2016 年	信丰县	对家庭林场或林业专业合作社给予林地适度规模奖补资金
4	2016 年	乐安县	制定了《关于积极稳妥推进林地流转进一步深化集体林权制度改革的实施意见》《关于印发乐安县林地经营权流转证管理办法的通知》《乐安县积极稳妥推进林地流转进一步深化集体林权制度改革实施方案的通知》《乐安县县、乡、村三级林地流转管理服务体系实施方案的通知》等一系列文件推进林权改革工作
5	2017 年	遂川县	利用省、市、县、乡、村五级流转服务平台和原有的短信平台及内部网站不断加大宣传力度,吸引更多的外地客商前来参加交易

2015 年,信丰县依托国有林场,发挥国有林场技术和人才优势,整合低效林地和扶贫资源,采取全县统一规划、乡镇统一流转、林场统一实施,投资 1 亿多元打造了 2 万亩油茶扶贫支柱产业,并按照"国有林场+贫困户+基地"模式,国有林场与贫困户按 3∶7 分红的经营办法,针对贫困程度较深的 4016 户在册贫困户,由县里统一规划新造 2 万亩油茶扶贫示范基地,以每户贫困户认领新造 5 亩油茶林为标准进行帮扶。委托经营既解决了单家独户经营成本高、缺乏技术的困扰,又克服了连片流转难、采摘管护难等问题。同时,该县国有林场由此增加近 2 万亩的林地经营面积,实现了从原来单一的营造速生丰产林向多种经营模式的转变。信丰县把推进林地流转、发展高产油茶产业与精准扶贫结合起来,探索出一条由"农民出地、政府出资、国有林场出技术、贫困户得实惠"的精准扶贫新路子。

2016 年,信丰县向江西省林业厅争取到"对当年流转林地面积超过 200 亩的家庭林场或超过 300 亩的林业专业合作社给予林地适度规模奖补资金"的扶持政策,使广大林农投资林业的积极性高涨,为促进信丰林地适度规模经营发挥了较好的示范带动作用。据统计,2016 年以来,在该县林权管理服务中心诚心为林农服务、改变作风提高效率务实工作之下,新注册家庭林场 4 家,规范规模化流转林地 1200 余亩,向省厅申报奖补资金 6 万余元。

2016 年,乐安县多举措推进第二批江西省级集体林权制度改革试点县工作,根据江西省林业厅下发的《关于积极稳妥推进林地流转 进一步深化集体林权制度改革的实施意见》文件精神,制定了《关于印发乐安县林地经营权流转证管理办法的通知》《乐安县积极稳妥推进林地流转进一步深化集体林权制度改革实施方案的通知》《乐安县县、乡、村三级林地流转管理服务体系实施方案的通知》等一系列文件推进林权改革管理工作,并在 15 个乡镇工作站或便民服务中心设立了林地流转服务站,在 175 个村委会设立了林地流转服务点和联络员,用于促进林地规范流转,2017 年全县新增林地流转面积 8 万亩。

2017 年,遂川县首开重点生态区位非国有林赎买试点改革。按江西省试点要求,本着切实解决生态保护与林农利益之间的矛盾,有效地提高了重点生态区位内林农收入,出台了重点生态区位非国有林赎买试点改革方案,并将遂川县国家南风面自然保护区内 5000 余亩非国有商品林进行试点,通过对重点生态区位内非国有商品林赎买、租赁、封育等方式,进行商品林经营改革。同时,该县积极推进林地经营权流转。一是加强对《遂川县林地经营权流转证登记管理办法》和五级服务平台的宣传、运用。2018年,县、乡、村三级平台联动服务,办理林地经营权流转证登记22本、登记面积1998.5亩,是全省办理经营权流转证最多的县。二是完善了林地经营权流转证抵押登记服务,具备了开展业务的所有条件。同时,为到期14笔895万元林权抵押贷款办理注销手续。三是积极完善了县、乡、村服务平台网站和"惠林绿桥"手机APP的推广使用。新增了6个村级服务站,通过服务平台发布各类信息0.7万余条。四是整合公共资源交易。按照省政府的要求,积极与吉安市公共资源交易遂川分中心做好业务对接和沟通,将国有、集体林权交易顺利转移到公共资源交易中心办理,进一步完善了公共林权网上操作流程。2018年全年组织林权类交易40场,交易标的55个,实现交易额达4105.4万元。积极做好林权类不动产登记的业务对接和沟通,与不动产登记中心共同明确了登记范围。通过业务招标将全县近30万宗地的林权登记档案全部电子化。

江西省集体林权流转状况

一、集体林区林权流转状况

(一)林权流转现状及态势

1. 林权流转规模有较大增长,但县域差异显著

2009-2017年,江西省10个监测样本县(市)连续监测数据显示(表3-6、表3-7):一是林权流转规模有了较大增长。2009年累计流转林权73.19万亩,占集体林地面积的3.28%。2017年,累计林权流转327.35万亩,占集体林地面积的13.21%,比2009年共增长9.93个百分点。二是县域林权流转活动存在显著差异。横向比较看,到2017年底,信丰县累计林权流转规模最大,达到88.53万亩,占该县集体林地面积34.56%;德兴市累计林权流转规模最小,为7.70万亩,占该市集体林地面积3.96%,两个县(市)的林权流转比例相差30.6个百分点。纵向比较看,2009-2017年,仅德兴市的林权流转比例出现小幅减少,林权流转面积占集体林地面积的比例减少了3.22%,主要原因是这期间集体林权确权面积有所增加。其余9个县均有不同程度的增长,其中信丰县增长幅度最大,林权流转比例共增加了33.54%,其次是宜丰县,增加了22.50%,第三是武宁县,增加了11.82%。

表3-6 样本县林地流转面积情况　　　　　　　　　　　万亩

年份	德兴	铅山	宜丰	武宁	黎川	乐安	永丰	遂川	信丰	崇义	合计
2009	14.00	7.02	0.35	12.50	4.23	8.37	9.00	4.23	2.43	11.06	73.19
2010	14.28	5.23	1.16	11.49	5.39	7.91	1.88	5.23	2.43	10.36	65.36
2011	14.04	7.36	1.16	53.44	7.37	14.04	1.65	17.27	0.43	20.69	137.45
2012	14.39	8.74	1.49	55.53	8.22	15.20	6.26	22.34	0.98	24.13	157.28
2013	6.71	11.00	31.00	55.75	19.94	29.38	22.25	34.28	40.14	25.28	275.73

(续)

年份	德兴	铅山	宜丰	武宁	黎川	乐安	永丰	遂川	信丰	崇义	合计
2014	7.67	11.00	31.01	55.90	19.94	15.53	22.25	29.24	41.71	25.49	259.74
2015	7.70	11.22	31.00	59.81	27.98	18.07	24.49	45.90	88.53	25.83	340.53
2016	7.70	11.22	38.16	59.81	27.98	18.72	16.23	39.83	88.53	24.94	333.12
2017	7.70	11.22	38.16	59.81	21.16	19.57	16.23	40.03	88.53	24.94	327.35

表 3-7　林改样本县林地流转面积占集体林地面积比例　　　　　　　　　　%

年份	德兴	铅山	宜丰	武宁	黎川	乐安	永丰	遂川	信丰	崇义	合计
2009	7.18	4.15	0.21	3.55	2.48	3.47	3.61	1.49	1.02	5.27	3.21
2010	7.32	3.04	0.69	3.26	3.17	3.28	0.75	1.84	1.02	4.93	2.86
2011	7.18	4.27	0.67	15.12	4.55	5.82	0.66	5.65	0.17	8.21	5.83
2012	7.54	5.07	0.84	14.61	5.08	6.30	2.51	6.21	0.39	9.71	6.47
2013	3.52	6.74	17.90	14.63	12.32	12.12	8.91	9.53	16.02	12.04	11.57
2014	4.02	6.74	17.91	14.58	12.32	6.40	8.91	8.13	16.65	10.11	10.70
2015	3.94	6.87	17.13	15.52	17.29	7.41	9.81	12.32	35.34	10.25	13.87
2016	3.96	6.60	23.16	15.53	16.78	7.20	6.50	10.69	35.34	9.89	13.51
2017	3.96	6.60	22.71	15.37	12.69	8.09	6.50	10.74	34.56	9.28	13.21

2. 集体林权流转以流出为主，并且集中连片流转较为活跃

村级监测数据显示（表3-8、表3-9），一是林地流转方向以流出为主。2017年，50个样本村林地流入面积为6124亩，共有177户农户有林地流入，户均流入面积为34.60亩，林地流入占集体林地面积的0.55%；而林地流出面积为127050亩，有1491户农户有林地流出，户均流出面积为85.21亩，林地流出占集体林地面积的11.40%。从动态变化看，样本村农户林地流入流出活动都存在较大的起伏波动。从流入来看，2017年50个样本村林地共流入6124亩，2016年高达42140亩，2015年为19035亩。从流出来看，2017年50个样本村林地共流出127050亩，2015年和2016年则分别为46545亩和51190亩。二是林地流转活动以集中连片流转为主。从村级尺度来看，集中连片流转为主，但比例呈下降趋势（表3-8、表3-9）。2014年，50个样本村集中连片流转林地面积为55710亩，占流转林地71.69%；2017年，集中连片流转林地面积为56320亩，占流转林地42.29%。说明可集中流转的林权标的呈下降趋势。

表 3-8　样本村林地流转情况

年份	a 集体林地面积（万亩）	b 林地流入面积（亩）	c 流入农户（户）	d 林地流出面积（亩）	e 流出农户（户）	f 集中连片流转面积（亩）
2014	110.73	25600	190	52110	554	55710
2015	111.22	19035	536	46545	1013	46140
2016	111.00	42140	542	51190	1217	15190
2017	111.48	6124	177	127050	1491	56320

注：2009—2013年无相关数据，下同。

表 3-9 样本村林地流转情况（续）

年份	户均流入规模（亩）	户均流出规模（亩）	林地流入比例（%）	林地流出比例（%）	林地流转比例（%）	集中连片流转比例（%）
	b/c	d/e	b/a/10000	d/a/10000	(b+d)/a	f/(b+d)
2014	134.74	94.06	2.31	4.71	7.02	71.69
2015	35.51	45.95	1.71	4.18	5.90	70.36
2016	77.75	42.06	3.80	4.61	8.41	16.28
2017	34.60	85.21	0.55	11.40	11.95	42.29

3. 近年来监测样本农户林地流转较为活跃，并且农户倾向于流入大块林地，流出小块林地

农户监测数据显示（表3-10、表3-11），2017年农户林地流入面积14671亩，占农户林地总面积的23.26%，农户林地流出面积为4008亩，占农户林地总面积6.35%。从动态变化来看，农户林地流入增长幅度较大，林地流出增幅较小。2011-2017年，农户流入林地面积占农户林地总面积比例增长了16.37%，林地流出比例仅增长了2.69%。从林地面积特征来看，流入林地块均面积明显高于流出林地。2017年，流入林地块均面积为164.84亩/块，而流出林地块均面积近37.46亩/块，并且2011-2017年，流入林地块均面积明显增加，流出林地的块均面积明显减少。

表 3-10 农户林地流转情况　　　　　　　　　　　亩，块

年份	农户林地		流入林地		流出林地	
	a 面积	b 块数	c 面积	d 块数	e 面积	f 块数
2011	50852	2329	3506	43	1860	27
2012	49850	2289	3489	34	1861	33
2013	52828	2325	6353	49	764	8
2014	52662	2330	3130	35	1529	20
2015	58141	2394	5599	43	1336	36
2016	60511	2353	12083	72	3012	89
2017	63072	2417	14671	89	4008	107

表 3-11 农户林地流转情况（续）　　　　　　　　　亩，%

年份	流入林地		流出林地	
	块均面积 c/d	流入比例 c/a	块均面积 e/f	流出比例 e/a
2011	81.53	6.89	68.89	3.66
2012	102.62	7.00	56.39	3.73
2013	129.65	12.03	95.50	1.45
2014	89.43	5.94	76.45	2.90
2015	130.21	9.63	37.11	2.30
2016	167.82	19.97	33.84	4.98
2017	164.84	23.26	37.46	6.35

从以上数据可以看出，村级监测数据和农户监测数据在流转方向调查结果上存在一

定差异。村级监测显示林地以流出为主,而农户监测数据显示林地流转以流入为主。这主要是因为村级尺度上林地流转中较大部分林地流转为村集体组织的统一流转,一般在政府引导下,一些集中连片林权流转给了专业合作社或企业等有较强实力的新型经营林业组织。而农户监测样本所反映的主要是农户自主流转行为和农户流入林权的偏好。

4. 农户林权流入和流出形式以转让和出租为主

一是林地流入形式以转让和出租为主。在流入过程中,农户更倾向于转让和转包地块面积较大的林地,对于地块面积较小的林地则以出租和转包为主。如表 3-12 所示,2017 年,监测农户转让和出租面积分别为 5845 亩和 5035 亩,分别占流入林地的 39.84% 和 34.32%;转包的面积为 3161 亩,占 21.55%;入股面积 630 亩,占比为 4.29%。从流入林地面积特征来看,2017 年,转让和转包的林地块均面积较大,分别为 418 亩/块和 198 亩/块,出租和入股的林地块均面积相对较小,分别为 97 亩/块和 90 亩/块。从流入方式的动态变化来看,转让面积比例占流入比例呈起伏波动,但总体变化不大,出租面积占流入比例有较大幅度的增长,转包和入股的面积所占比例逐渐减小。

表 3-12 林地流入主要方式　　　　　　　　　　　　亩,块,%

年份	类型	转让 数量	转让 比例	出租 数量	出租 比例	转包 数量	转包 比例	入股 数量	入股 比例	其他 数量	其他 比例
2011	面积	1196	34.12	295	8.41	1311	37.39	467	13.32	237	6.76
2011	地块	15	34.89	5	11.63	17	39.53	2	4.65	4	9.30
2012	面积	1609	46.13	656	18.80	909	26.05	124	3.55	191	5.47
2012	地块	14	41.17	5	14.71	6	17.65	2	5.88	7	20.59
2013	面积	1220	19.20	3303	51.99	470	7.40	120	1.89	1240	19.52
2013	地块	9	18.36	21	42.86	9	18.37	2	4.08	8	16.33
2014	面积	1309	41.82	1613	51.53	208	6.65	0	0.00	0	0.00
2014	地块	16	45.71	12	34.29	7	20.00	0	0.00	0	0.00
2015	面积	1172	20.93	2927	52.28	1483	26.49	17	0.30	0	0.00
2015	地块	14	32.55	18	41.86	10	23.26	1	2.33	0	0.00
2016	面积	5666	46.89	3956	32.74	1202	9.95	0	0.00	1259	10.42
2016	地块	16	22.22	36	50.00	10	13.89	0	0.00	10	13.89
2017	面积	5845	39.84	5035	34.32	3161	21.55	630	4.29	0	0.00
2017	地块	14	15.72	52	58.43	16	17.98	7	7.87	0	0.00

二是林地流出以出租为主,其次是转让,而转包和入股均占较少比例。表 3-13 所示,2017 年农户流出面积中,出租面积为 1711 亩,占流出面积的 42.69%;转让面积为 1009 亩,占 25.17%;转包和入股的面积分别为 258 亩和 208 亩,分别仅占 6.44% 和 5.19%。从流出林地面积特征来看,各类型流出林地地块均明显小于流入林地。2017 年,流出方式中,转让、出租、转包、入股的林地块平均面积分别为 53 亩/块、36 亩/块、18 亩/块、23 亩/块。从流出方式的动态变化来看,转让面积在流出面积中所占比例呈起伏增长;出租面积所占的比例先降后升,2013 年最低,仅为 1.05%;转包的面积所占起伏波动较大,2015 年所占比例最高为 41.32%;入股的面积所占比例先升后降,2013 年所占比例最高,为 78.53%。

表 3-13　林地流出主要方式　　　　　　　　　　　　　　　　　　　　　　　　亩，块，%

年份	类型	转让		出租		转包		入股		其他	
		数量	比例	数量	比例	数量	比例	数量	比例	数量	比例
2011	面积	21	1.13	1704	91.61	29	1.56	106	5.70	0	0.00
	地块	3	11.11	15	55.56	3	11.11	6	22.22	0	0.00
2012	面积	147	7.91	901	48.41	743	39.92	70	3.76	0	0.00
	地块	8	24.25	16	48.48	4	12.12	5	15.15	0	0.00
2013	面积	120	15.71	8	1.05	36	4.71	600	78.53	0	0.00
	地块	2	25.00	1	12.50	2	25.00	3	37.5	0	0.00
2014	面积	1235	80.77	166	10.86	118	7.72	0	0.00	10	0.65
	地块	11	55.00	6	30.00	2	10.00	0	0.00	1	5.00
2015	面积	55	4.11	575	43.04	552	41.32	0	0.00	154	11.53
	地块	5	13.88	15	41.67	10	27.78	0	0.00	6	16.67
2016	面积	1380	45.82	1360	45.15	112	3.72	142	4.71	18	0.60
	地块	22	24.73	43	48.31	12	13.48	8	8.99	4	4.49
2017	面积	1009	25.17	1711	42.69	258	6.44	208	5.19	822	20.51
	地块	19	17.76	48	44.86	14	13.08	9	8.41	17	15.89

5. 林地流转种类以商品林为主，尤以竹林和用材林的流转为最多

按照商品林和公益林类型划分，农户流入林地以商品林为主。表 3-14 的结果显示：商品林流转的面积和比例都明显高于公益林。2017 年，农户流入林地中商品林 11864 亩，占商品林总面积的 24.30%；流入林地中公益林面积 2807 亩，占公益林总面积的 16.72%。从动态变化看，商品林和公益林的流转面积都有较大增长。

按照用材林、经济林、竹林类型划分，农户流入林地中竹林和用材林的面积最多，而经济林的流入占比最高。2017 年，流入林地中竹林和用材林的面积分别为 4162 亩和 3663 亩，分别占竹林和用材林总面积的 19.30% 和 18.09%；经济林的流入面积为 2157 亩，占经济林总面积的 24.32%。

表 3-14　不同类型林地流入情况　　　　　　　　　　　　　　　　　　　　　　亩，块，%

年份	类型	公益林		商品林		用材林		经济林		竹林	
		数量	比例	数量	比例	数量	比例	数量	比例	数量	比例
2011	面积	104	1.10	3402	8.79	593	3.07	1222	14.14	1691	9.02
	地块	4	0.88	39	2.08	17	1.83	14	3.37	12	1.33
2012	面积	39	0.42	3450	8.64	—	—	—	—	—	—
	地块	1	0.23	33	1.78	—	—	—	—	—	—
2013	面积	1418	19.20	4935	16.15	—	—	—	—	—	—
	地块	7	1.55	42	2.24	—	—	—	—	—	—
2014	面积	66	0.61	3064	7.62	1156	6.49	799	6.93	1175	5.71
	地块	2	0.41	33	1.80	13	1.59	8	1.52	14	1.48
2015	面积	707	4.98	4892	11.62	1347	6.66	1025	11.22	1331	6.07
	地块	6	0.99	37	2.07	14	1.62	13	3.32	8	0.85

（续）

年份	类型	公益林		商品林		用材林		经济林		竹林	
		数量	比例	数量	比例	数量	比例	数量	比例	数量	比例
2016	面积	1636	10.05	10447	22.03	3588	16.80	1435	16.09	2572	12.33
	地块	7	1.16	65	3.71	26	3.37	16	4.97	22	2.92
2017	面积	2807	16.72	11864	24.30	3663	18.09	2157	24.32	4162	19.30
	地块	8	1.29	81	4.50	29	3.71	20	5.85	32	3.85

与林地流入的规律相似，林地流出类型也以商品林为主，但不同类型林地流出的数量和比例都明显低于流入。表3-15中，2017年，商品林流出面积为3430亩，占商品林总面积的7.03%，公益林流出面积578亩，占公益林总面积的3.44%。

从林地类型来看，林地流出中面积和比例最高的为用材林。2017年，用材林流出面积为1861亩，占用材林总面积的9.19%；竹林流出面积为1451亩，占竹林总面积的6.73%；经济林流出面积为616亩，占经济林总面积的6.95%。

表3-15 不同类型林地流出情况　　　　　　　　　　　　　　　　　　　　　　亩，块，%

年份	类型	公益林		商品林		用材林		经济林		竹林	
		数量	比例	数量	比例	数量	比例	数量	比例	数量	比例
2011	面积	207	2.20	1653	4.27	582	3.01	238	2.75	732	3.90
	地块	6	1.32	21	1.12	12	1.29	7	1.69	7	0.78
2012	面积	566	6.10	1295	3.24	—	—	—	—	—	—
	地块	6	1.39	27	1.45						
2013	面积	195	2.64	569	1.86	—	—	—	—	—	—
	地块	1	0.22	7	0.37						
2014	面积	1295	12.00	234	0.58	586	3.29	794	6.89	149	0.72
	地块	3	0.61	17	0.93	9	1.10	4	0.76	7	0.74
2015	面积	166	1.17	1170	2.78	412	2.04	56	0.61	582	2.65
	地块	2	0.33	34	1.90	15	1.74	5	1.28	14	1.49
2016	面积	557	3.42	2455	5.18	1357	6.35	415	4.65	1235	5.92
	地块	11	1.83	78	4.45	46	5.96	11	3.42	31	4.11
2017	面积	578	3.44	3430	7.03	1861	9.19	616	6.95	1451	6.73
	地块	11	1.78	96	5.34	54	6.91	16	4.68	33	3.97

6. 农户林权流转以村民间交易为主，林地流出对象中与工商企业的交易较为活跃

表3-16显示，从流入对象来看，农户林权流入主要源于本村村民和外村村民，2017年，其比例分别占48.27%、20.45%。从动态变化来看，林权流入中源于本村村民的林地比例逐渐减少，从外村流入的比例逐渐增加。从流出对象来看（表3-17），农户林权流出交易对象主要为工商企业，2017年林权流出中工商企业的交易比例占35.52%，居于榜首。其次，林权流出活动与本村村民的交易量近两年都仅次于工商企业，并且本村村民之间的交易一直相对稳定。2017年，与本村村民的交易量占流出总林地的35.46%，居于第二位。

表 3-16 林权流入流转对象　　　　　　　　　　　　　　　　　　　　　　　　　　%

年份	本村村民	外村村民	合作社	工商企业	城镇居民	其他
2011	84.51	5.98	0.00	6.23	0.00	3.28
2012	62.20	19.12	0.00	1.76	0.00	16.92
2013	59.35	13.40	0.00	0.09	0.00	27.16
2014	84.95	5.02	0.00	8.31	0.00	1.72
2015	82.59	15.22	0.00	0.00	0.00	2.19
2016	45.32	41.65	0.00	0.00	0.00	13.03
2017	48.27	20.45	12.04	3.52	0.00	15.72

表 3-17 林权流出流转对象　　　　　　　　　　　　　　　　　　　　　　　　　　%

年份	本村村民	外村村民	合作社	工商企业	城镇居民	其他
2011	6.26	0.00	0.00	93.74	0.00	0.00
2012	33.89	5.47	9.68	6.09	0.00	44.87
2013	28.19	0.85	0.00	29.21	0.00	41.75
2014	38.85	0.00	5.77	4.10	44.87	6.41
2015	23.86	28.40	1.88	28.27	0.00	17.59
2016	22.48	15.90	0.00	51.18	1.41	9.03
2017	35.46	16.54	0.00	35.52	7.04	5.44

（二）农户林权流转意愿情况

1. 农户林地流转发生率及流转意愿不高

监测结果显示，集体林改以来农户林地流入及流出发生率均有一定程度的增长，但增长比例仍然较低（表3-18）。2017年，样本农户中有45户有林地流入，占8.91%，有53户农户有林地流出，占10.50%，而无林地流转的农户有407户，占80.59%。

表 3-18 农户林地流转情况　　　　　　　　　　　　　　　　　　　　　　　户，%

年份	林地流入		林地流出		无流转	
	户数	比例	户数	比例	户数	比例
2011	30	5.94	19	3.76	457	90.50
2012	19	3.80	23	4.60	461	92.20
2013	26	5.20	17	3.40	458	91.60
2014	22	4.38	14	2.79	466	92.83
2015	29	5.78	21	4.18	452	90.04
2016	29	5.77	38	7.55	439	87.28
2017	45	8.91	53	10.50	407	80.59

从表3-19可以看出，仅在2015年和2017年，愿意流转自家承包林地的农户比例高于10%，分别为16.33%和10.30%。其余年份中，农户流转意愿均低于10%。并且，在愿意流转林地的农户中，愿意流转的林地面积和占农户林地总面积的比例在近3年均呈现较大降幅。2017年，愿意流转林地的农户平均流转林地47.63亩，仅占其林地总面积

表 3-19 农户流转意愿

年份	愿意流转林地农户		流转面积	
	户数（户）	比例（%）	户均面积（亩）	比例（%）
2011	46	9.11	86.15	52.19
2012	44	8.80	86.83	89.27
2013	37	7.40	58.43	62.11
2014	39	7.77	78.33	70.06
2015	82	16.33	140.92	81.55
2016	38	7.55	72.87	66.93
2017	52	10.30	47.63	37.47

的 37.47%。即便是愿意流转自家承包林地，农户也主要选择自家距离较远、立地条件较差的林地进行流转。

农户不打算流转林地的原因（图 3-1），排在首位的是"自己经营效益挺好"占 64.68%；其次是觉得"林地将来会成为个人资产，流转出去是'败家'行为"，占 12.58%；排在第三位的是觉得"流转价格太低"，占 9.05%。

2. 大部分农户希望的流转方式为出租，并且倾向于自行直接交易和村集体统一组织流转

2017 年的监测显示（图 3-2），愿意流转林地的农户中，农户希望的流转方式中排在首位的是出租，占 67.31%；其次是转包，占 19.23%；再次是转让，占 13.46%。

农户愿意采取的交易方式（图 3-3），排在首位的是自行直接交易，占 46.15%；其次是村集体、村小组统一组织流转，占 38.46%；在林权交易中心流转的仅排在第三位，占 17.31%。农户对村集体总体较为信任，在愿意流转林地农户中，绝大部分农户都认可村集体、村民小组统一组织流转，占 72.34%。农户不愿选择林权交易中心的原因主要是认为林权交易中心手续不便利。31.04% 的农户认为林权交易中心的手续有点麻烦，17.24% 的农户认为手续十分繁琐。

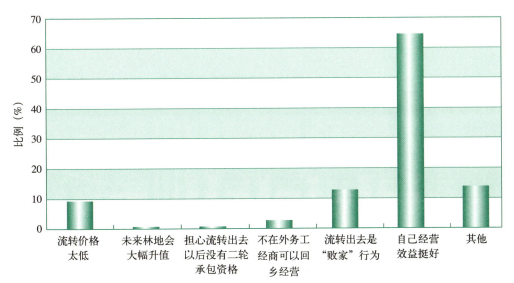

图 3-1 集体林区农户不打算流转林地的原因

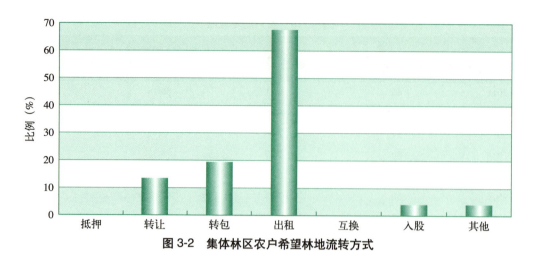

图 3-2 集体林区农户希望林地流转方式

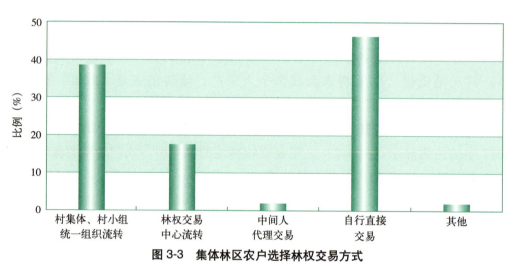

图 3-3 集体林区农户选择林权交易方式

3. 农户林权流转信息获取仍存在较大困难

近4年的监测数据显示（表3-20），尽管认为寻找林权流转买家很容易的比例有所上升，从2014年的12.82%上升到2017年的22.45%，但是认为寻找买家信息比较难和很难的比例仍然占较高比例，2017年分别为34.69%和20.41%，并且，与2014年相比，认为寻找买家信息比较难和很难的农户比例分别上升了3.92和12.72个百分点。

表 3-20　交易信息获取难易程度情况　　　　　　　　　　　　　　　　%

年份	很容易	比较容易	一般	比较难	很难知道
2014	12.82	17.95	30.77	30.77	7.69
2015	5.71	15.71	21.43	47.14	10.00
2016	6.67	26.67	13.33	30.00	23.33
2017	22.45	14.29	8.16	34.69	20.41

专栏3-1 农户流转行为影响因素的实证分析

从农户户主特征、家庭特征、林地特征、林改政策因素、村级环境五个方面选取影响因素，以2017年505户监测样本为例，运用二元logistic模型，对农户林地流入、流出行为进行实证分析。使用stata12计量分析软件对数据进行处理后的模型结果如表3-21所示。

表3-21 农户流转行为影响因素计量分析结果

变量	林地流入模型		林地流出模型	
	系数	发生比	系数	发生比
年龄	−0.036*	0.965	0.030**	1.030
受教育程度	−0.054	0.947	0.728***	2.071
是否村干部	0.582	1.790	−0.019	0.981
家庭劳动力数	0.210*	1.234	−0.106	0.899
县内务工比例	−0.424	0.655	−0.071	0.932
县外务工比例	−1.550**	0.212	0.980**	2.665
林地面积	−0.001	0.999	0.003	1.003
块均面积	0.168	1.182	−0.045	0.956
单位面积林业收入	−0.014	0.986	−0.063	0.939
林区基础设施	0.457**	1.580	0.253	1.287
林业补贴	0.068*	1.070	−0.007*	0.993
对林改满意度	0.824**	2.279	0.372	1.451
到乡镇距离	−0.076*	0.927	−0.008	0.992
村人均收入	−0.017	0.983	−0.010	0.990
村人口集聚程度	0.184	1.202	−0.094	0.910
_cons（常数）	−3.811**	0.022	−6.442***	0.002
Number of obs（样本数）	505		505	
Wald chi^2（Wald检验值）	45.59***		47.23***	
Pseudo R^2（伪R^2）	0.214		0.244	

注：*、**、***分别表示在1%、5%和10%的水平上显著。

模型结果显示：户主年龄、县外务工比例、到乡镇距离对农户林地流入行为具有一定负向影响，而家庭劳动力数、林区基础设施、林业补贴、对林改满意度等因素对农户林地流入行为具有一定程度的正向影响；户主年龄、受教育程度、县外务工比例对农户林地流出行为具有一定程度正向影响，林业补贴对农户林地流出具有一定程度负向影响。

二、江西集体林区林权流转的主要成效

自集体林改以来，江西集体林区林权流转成效主要体现在：林地经营方式向现代林业经营方向转变，农户合作化组织不断出现、规模经营有了发展、新型林业经营主体不断成长。

（一）林业专业合作社发展迅速

随着集体林区林权流转的发展，林地资源集中和农户专业化水平提高，为林业专业合作社的发展创造了一定的微观基础。监测样本村林业专业合作社的数量也从无到有（图3-4），2017年监测样本村共有20个林业专业合作社，其中，65.00%为林业专业合作社，35.00%为林地股份合作社。林业专业合作社中，示范社的数量占35.00%，拥有注册商标的合作社占50.00%，通过产品质量认证的合作社数量占25.00%，创办了加工实体的合作社占5.00%，承担政府涉林项目的合作社占10.00%。16个样本村拥有林业专业合作社，占样本村总数的32.00%。

图3-4　样本村林业专业合作社数量情况

（二）林业的规模化经营有了较大发展

监测显示（表3-22），尽管小规模林地经营的农户占主体，但是从动态变化来看，规模化经营趋势已开始显现。表中林地面积50亩以下的农户数量最多，占样本农户的一半左右；其次是100～500亩的农户，占样本农户的三成；经营规模为50～100亩的农户约占两成；500～1000亩的农户约占2个百分点，1000亩以上的农户占比约1个百分点。从动态变化来看，经营规模为50亩以下的农户比例有下降趋势，经营规模为50～100亩的农户比例相对较为稳定，经营规模为100～500亩以及1000亩以上农户比例有增长趋势。2017年，50亩以下、50～100亩、100～500亩、500～1000亩、1000亩以上农户数量分别为237户、117户、135户、11户、7户，分别占46.74%、23.08%、26.63%、2.17%和1.38%。

表 3-22　不同经营规模农户数量和比例情况　　　　　　　　　　户，%

年份	类型	50亩以下	50～100亩	100～500亩	500～1000亩	1000亩以上
2009	数量	204	95	87	11	3
	比例	51.00	23.75	21.75	2.75	0.75
2010	数量	246	95	137	10	4
	比例	50.00	19.31	27.85	2.03	0.81
2011	数量	227	114	153	8	3
	比例	44.95	22.58	30.30	1.58	0.59
2012	数量	235	111	143	8	3
	比例	47.00	22.20	28.60	1.60	0.60
2013	数量	218	124	146	10	2
	比例	43.60	24.80	29.20	2.00	0.40
2014	数量	231	114	147	7	3
	比例	46.02	22.71	29.28	1.39	0.60
2015	数量	230	105	150	13	4
	比例	45.82	20.91	29.88	2.59	0.80
2016	数量	239	112	136	11	5
	比例	47.51	22.27	27.04	2.19	0.99
2017	数量	237	117	135	11	7
	比例	46.74	23.08	26.63	2.17	1.38

从样本村的监测数据来看，2004年集体林改以来，江西长水等50个监测样本村林业大户（经营面积超过1000亩以上）数量由2004年的3户增长到2017年的43户（图3-5）。在监测的50个样本村中，拥有林业大户的样本村的数量从林改前2个增长到2017年的22个，占比分别为4.00%和44.00%。

图 3-5　样本村林业大户数量情况

（三）家庭林场、公司林场等新型经营主体开始成长

经营主体仍以普通林农为主，约占八成。与此同时新型经营主体也有了一定的进展。表3-23中，2009年，样本农户中，普通林农有261户，占65.25%；2017年，普通林农增长到404户，占79.68%。联户经营农户数量在2010年数量最多，为127户，占25.81%，随后逐渐减少，2017年有42户，占8.48%。2013年以来，监测样本农户中家庭林场和公司林场开始显现，2014年分别达到14户和2户，分别占2.76%、0.40%。

表3-23 不同经营模式农户数量和比例情况　　　　　　　　　　　户，%

年份	类型	普通林农	联户经营	家庭林场	公司林场	股份合作
2009	数量	261	80	0	0	59
	比例	65.25	20.00	0.00	0.00	14.75
2010	数量	306	127	0	0	59
	比例	62.20	25.81	0.00	0.00	11.99
2011	数量	390	58	0	0	57
	比例	77.23	11.48	0.00	0.00	11.29
2012	数量	394	52	0	0	54
	比例	78.80	10.40	0.00	0.00	10.80
2013	数量	414	35	3	0	48
	比例	82.80	7.00	0.60	0.00	9.60
2014	数量	431	36	2	0	33
	比例	85.86	7.17	0.40	0.00	6.57
2015	数量	387	42	15	2	56
	比例	77.09	8.37	2.99	0.40	11.15
2016	数量	408	41	14	2	38
	比例	81.11	8.15	2.78	0.40	7.56
2017	数量	404	43	14	2	44
	比例	79.68	8.48	2.76	0.40	8.68

三、赣州市信丰县创新林地流转助力精准扶贫案例分析

信丰县位于江西南部，是江西省31个推进林地流转，深化集体林权制度改革试点县之一。面对大多适宜发展林地分散在千家万户，林农各自为战，经营成本高、规模化程度低、管理技术不到位，老百姓经营积极性不高，阻碍农民增收、资源增长、产业发展的问题，自2015年以来，信丰县以整合政策、资金扶持、精准投放为手段，以完善合作利益联结机制为纽带，激活分散的林地资源，调动农户发展适度规模经营的积极性，促进林业科技推广应用，把推进林地流转、发展高产油茶产业与精准扶贫结合起来，探索出一条由农民出地、政府出资、国有林场出技术、贫困户得实惠的精准扶贫新路子，带动了全县贫困户真脱贫、永脱贫。

（一）主要做法

1. 保护农户利益，协调引导农民出地

为推进林地适度规模经营与优化林业产业布局相结合，信丰县选准油茶产业，以坚持保护生态为底线，坚持公益林、天然阔叶林等重要生态区域不改造的原则，租用农户的火烧迹地、采伐迹地、疏林地等三类林地，大力发展油茶产业。在征求农民意见的基础上，明确山地每亩租期30年，租金每年每亩30元，总租地费用900元，期满后山上的油茶一并归还出山农户。乡镇与出山农户签订协议后，将相对集中连片的山地整体移交林场经营。由于所租地为"三类地"，对农户来说本无多大直接经济效益，

现在既有租金，又在 30 年后油茶盛产期能归还原出山农户，充分保障出地农户利益，得到农户的支持。仅 3 个月时间，全县一类贫困户 8773 户中有意愿参与的就有 4124 户，根据林场和适宜地块的分布，落实相对集中连片山场 15 处，总计流转林地面积 20880 亩，由国有林场统一经营，用于发展油茶。

2. 结合精准扶贫，安排财政出资

信丰县安排财政专项资金 8000 万元，并整合了各林场的配套资金和相关帮扶单位项目资金，合计投资超过 1 亿元，用于 2 万亩相对集中连片山场的租用和建设，将 15 处相对集中连片山场，建设成发展油茶产业推进精准扶贫示范区。2015 年安排资金 4100 万元，用于租地、示范区的基础设施和整带、肥料和种苗等；2016-2018 年，每年安排 1300 万元用于抚育和采购肥料。每个示范区均进行科学规划设计，按照精品示范区进行打造。其中正平镇共和村、小江镇圳下村、新田镇铜锣村、坪石乡光甫村和油山镇小石村等 5 个共约 9000 亩精品示范区还将整合相关单位项目资金，着力打造生态、观光的示范园区。

3. 依托国有林场统一经营管理

为建设长效稳定油茶林，信丰县明确由国有林场负责经营，并积极发挥全县林业系统已有 7 名高级工程师、47 名工程师等技术力量，聘请中国林科院亚林中心退休资深专家作为县油茶产业发展技术顾问，提升油茶林建设科技水平。各国有林场因地制宜进行详细规划，严格按照现代高产油茶作业技术要求实施，确保每亩油茶林的优质高产。

4. 贫困户参与经营和务工，确保贫困户真脱贫、永脱贫

国有林场统一规划、统一整地、统一种苗，将油茶定植后，信丰县将 20880 亩油茶林地拨付给 4124 户一类贫困户，每户贫困户落定 5 亩面积，由贫困户选择自主经营或委托林场经营，并按照贫困户与国有林场 8∶2（自主经营）或 7∶3（委托林场）的比例分红，各相关林场优先安排贫困户劳力，确保贫困户利益长效稳定。

（二）主要成效

信丰县将健康有序推进林地流转、发展高产油茶产业与精准扶贫相结合，既坚持了依法、自愿、有偿，不违背承包农户意愿流转林地，又提升了规模化经营水平，发展了产业，构筑起长效扶贫的发展机制，充分体现了"扶真贫、真扶贫"的理念，带动了全县贫困程度较深的 4124 户贫困户走上脱贫致富路。据测算，2 万亩油茶每年管护用工资金达 600 万元，其他林地管护用工资金也达 600 万元以上，仅此一项，贫困户可实现人均年收入达 4000 元，将迅速解决贫困户短期脱贫的问题。同时通过发展林下经济，引进绿色有机山稻、藤茶等，前 3 年种植在新造油茶林下，每年每亩产量 300 斤以上，每斤 40 多元，可增加前期收入，达到以短养长的目的。油茶进入丰产期后，每亩纯收入可达 2000 元，如果进一步深加工，效益将更加可观。据预期计算，只要贫困户人均种植 3 亩就可以脱贫，种植 5 亩就可以达到小康人均收入标准，而且稳产期达 60 年以上，再加上有长期的技术帮扶，贫困户和出山农户的收入具有可靠保障，彻底切断了贫困户返贫的根源。保证了出山农户的利益。同时，国有林场由此增加近 2 万亩经营面积，拓宽了生产经营渠道，使贫困户和国有林场实现双赢。

(三) 主要启示

(1) 政府统一规划引导，将林权流转与产业发展结合起来，加强了林权流转的可操作性和可行性。

(2) 明确并保障了农户利益，极大调动了农户参与流转的积极性。租用农户的火烧迹地、采伐迹地、疏林地等三类林地，充分尊重农户意见，不仅极大地提高林地经营效率，租用农户林地也是农户较容易接受的流转方式。农户林地流转后可获得租金收入和持续的林地经营收入，也调动了他们参与流转的热情。

(3) 流转后林地经营有技术保障，保证了规模经营效益。林地流转后明确由国有林场负责经营，充分利用全县林业系统技术人员力量提升流转后油茶林建设科技水平，流转后林地经营有责任主体、有技术支撑，保证了可持续的规模化经营效益。

问题与建议

一、集体林区林权流转实践中存在的政策问题

(一) 林权流转的规范性不强

尽管政府出台了较多规范林权流转的政策，但实际情况中林权流转的规范性仍然不强。林权流转规范性存在的主要问题包括流转管理、流转程序、流转行为、流转合同和流转档案管理不规范等。目前，林权流转后要及时依法办理林权变更登记手续，但由于林权流转程序较为复杂，部分农户林权流转后并不会办理登记手续。根据相关规定，林权流转主要程序依次为由农户提出申请后，将有关材料提交给相关机构，相关机构受理并进行审核，然后进入异议期进行公告公示后，交易双方签订林权流转合同，并进行登记发证。但是将该程序应用于实践过程才发现涉及较多的部门签章，对于文化素质偏低的农民而言就显得十分复杂。以提出申请为例，林权所有者以及发包方是林权转让申请的对象，其中所有者就有村民小组、村委甚至基层政府等机构，待受理审核通过才能进行正常流转。如果流转不属于转让方式，也要报告并进行备案。在集体林权进行流转时，必须召开村民大会进行商议决策，只有大会决策通过，才能进行流转合同签订。虽然实行林权流转的出发点是为了促进经济发展，但是如果规定程序过于繁琐，农民办理流转手续的意愿就会受到影响，甚至会使这些规范的设立失去意义。监测显示，2017年，农户流转林地后未进行登记的地块和面积比例分别为22.96%和22.11%，这对林权流转的规范化管理也造成一定影响。此外，大多数农户的林地流转都是双方当事人私下交易，2016年和2017年，农户私下流转的比例分别为66.67%和25.00%。尽管政策出台了林权流转合同范本，2017年，签订了书面流转合同的农户仅占50.00%，仅有25.00%的农户流转中使用了固定合同范本，并且农户流转后并不会将合同交给村里或林业部门。

（二）中介服务机构的缺位

林权流转交易与普通商品交易相比，林权流转交易环节较多，程序复杂，涉及多个林权主体的利益，中介机构能简化流转双方所需履行的程序，为林权流转双方提供交易信息，形成有效对接，并有助于更好地保护自身权益。目前，流转中介组织较少，一些地方尽管建立了流转中介组织，但真正按市场经济法则对林权流转进行运作的并不多。一方面，林权流转交易双方之间存在着信息流通不畅的问题，农户有转出林地林木意向却找不到合适的受让方，而需要土地的人又找不到中意的出让者。另一方面，现有的林权交易中介组织和林权流转信息平台不能达到卖方与买方信息交流的便利，也没有起到降低信息收集、发布成本的目的，导致林权流转价格的失真。转让方和受让方之间的信息依然存在不对称现象，流转价格自然也不清晰，受让方和转让方都会担心利益受损，影响了林地合理流动和优化配置。

此外，中介组织的缺位还包括森林资源资产评估机构的缺位。目前，林权流转需经过专门的森林资源资产评估机构评估后才可实施，但监测表明，林权流转管理机构和森林资产评估机构等还并不完善，尤其是资产评估机构，农户进行林权流转时都没有经过专业的评估，基本上价格都是由非专业人员简单的估算，由于这种方法存在较大的主观随意性，容易使林农对自有林地资产的价值不明确，引起自有财产的流失。也有部分林地由于得不到评估机构的专业评估，导致林地资质无法得到认可，增加了流转难度。

（三）林权流转后的监管薄弱

森林资源具有经济价值、社会价值和生态价值，对其进行开发利用时必然会涉及水土保持、防洪、气候调节等社会公益性问题，而林权建立在森林资源上的，因此林权必然区别于一般物权，其既具有私权性，又具有公权性，在尊重和保护林权私权属性的同时，政府也进行必要的干预，这是林权的公权性必然要求。因此，政府对林权公权部分进行直接干预以保证森林资源公益作用的实现；而对于林权私权领域，政府应给予正确的引导和监督，若对私权领域也实施直接干预则会降低营林经营者的积极性，不利于林业可持续发展。然而，从目前林权流转实际情况来看，政府职能部门较为重视流转前的审查以及流转交易过程中服务职能，而流转后的监管则较为薄弱，对林权公权部分干预较少。部分转入主体在林业经营实践过程中，单纯追求经济利益，对林业资源的生态效益关注不够，短期经营行为明显，部分地区林权流转后不按合同开发，受让方擅自改变林地用途，不植树造林，造成水土流失。监测显示，在2017年的林地流转农户中，流转出去的林地用于非林业用途的比例高达75.00%。

（四）农民林权流转意识有待提高

农民主观意识是指长远发展意识、权益保护意识等。首先，由于专业知识的匮乏以及信息不对称等原因，林农对林权流转的经济意义还缺少理性的认识。尽管很多地方政府出台了文件，但由于缺少必要的信息获取途径，林农对政策精神并不了解，致使林农的长远合法权益得不到有效保护，有些林农甚至因此失去赖以生存的生产资料。其次，农户之间的流转行为大多属于私下流转或者非正式流转，这类私下林权流转多局限在本村、本组乡亲宗族之间，转让过程的自主性较强，只要双方约定即可。流转后的林地仍是分散细小的，根本不能达到规模化、集约化经营的目标，并且随着林地林木价值攀升，口头协议以及欠规范的书面合同极有可能带来经济利益纠纷。再次，农村的社会保障功能低下也使得林农不愿流转林地。监测显示，2017年农户不愿流转林地的原因中，农户选择"不在外务工经商可以回乡经营"和"其他"的比例为16.34%，"其他"中农户主要反映的是年老以后可以依靠林地经营，即部分农户认为林地具有重要的社会保障功能。

二、促进林权规范有序流转的政策及其措施

（一）政府引导，建立规范有序的流转程序和评估制度

首先要推行规范化的集体林权流转程序。一是健全林权流转行政登记程序。集体林权流转应当依法签订书面合同，明确双方的权利义务，相关部门应当加快流转通道优化，对复杂的流转办理手续进行简化。二是要强化流转合同管理。各级林业主管部门要加强集体林权流转合同管理，县级林业主管部门应在官方网站提供可编辑的合同示范文本下载服务，大力推广使用《集体林权流转合同示范文本》，并对填写要求进行说明，要求各市场主体按照要求规范填写。在指导流转合同签订或流转合同见证中，发现流转双方有违反法律法规的约定或合同内容违反国家法律法规的，要及时予以纠正。对符合法律法规规定的，经流转公示无异议后，可出具书面意见，作为林权流转关系和相关权益的证明，并进行备案和记录，以便日后出现纠纷时查阅。为确保市场主体的资格，实行承诺式准入方式，市场主体在签订流转合同时也要做出承诺，承诺已具有市场主体资质、具有林业经营能力、保证林地林用等。将市场主体的信用情况纳入交易主体信用记录，并推动与不动产登记、工商、银行业金融等机构实时共享互认，协同不动产登记部门做好林地承包经营权转移登记工作。三是要完善林权流转登记咨询工作。各级林业主管部门要提高服务意识，正确引导各种社会主体投资林业。要做好有关林权登记的法律政策咨询工作，指导投资者依法投资林业。对投资人依法取得的农村林地承包经营权，属于可以进行登记范畴的，投资人申请登记，要依法及时予以登记；对于投资人取得的不符合法律规定的登记范畴的权利，要及时向投资人说明理由。四是要妥善解决非规范流转的遗留问题。对历史上集体林权流转遗留下来的问题，必须慎重对待，全面清查，认真分类，强化措施，妥善解决，维护林区的稳定发展。

此外，政府还应引导建立相应的林地使用权评估制度。一是要尽快建立和健全森林资源评估标准体系，利用我国现有的研究成果和林业发达国家已有的评价标准体系，建立适合我国国情、林情的评价标准体系。二是尽快成立专门的森林资源资产评估机构，使森林资源的评估工作更具科学性、权威性和可操作性，为顺利开展林地流转工作提供依据。三是有计划地选派一些森林资源评估人员学习资产评估的相关知识，取得注册资产评估师资格。同时，建议林业主管部门对现有的森林资源评估人员进行培训，颁发证书。鉴于森林资源评估专业性较强的特点，对一些资产评估中介机构，建议鼓励他们吸收森林资源评估人员共同参与林地流转中的森林资源评估工作，实现优势互补，缓解资产评

估人工员不懂森林资源评估知识、而森林资源评估人员又没有相应的资产评估资格的矛盾，还能形成森林资源评估竞争的局面。同时，鼓励专业技术人员，以各种形式成立林业司法物证鉴定、林业法律政策咨询、林业技术指导中心等服务机构，并逐步形成网络，不断满足林地流转市场发展的需要。实际操作中，对于农户之间私人的林权流转，只需要提供评估服务供其参考，对于公有产权性质的林权流转，则必须通过严格的评估程序防止集体资产的流失。

（二）加强中介组织建设，满足流转市场的发展需要

有序推进林权流转有赖于中介服务组织发挥联结供需双方的作用。林权流转的信息搜寻成本、交易成本、监督成本高，易于发生信息不对称、交易费用高昂等制约林权流转的问题，迫切需要成立相关中介组织提供林权流转信息发布、林权资产价值评估、交易代理等社会化服务来提升流转效率。从目前情况看，大力发展由乡村精英牵头的农民土地合作社或专业合作社，替代村集体作为连接供给方与需求方的纽带，同时负责监督流转契约的实施。鼓励将中介服务的业务拓展到价格评估、政策咨询、技术指导等综合性服务。一是成立林权流转信息服务机构，负责提供流转前的供求信息发布、流转过程中的组织协调和流转后的跟踪服务等项目的服务。二是要成立森林资源资产评估机构，负责对林地及林地上的森林资源资产进行评估，使流转双方在交易时有据可依。三是要加强对中介组织的制度建设，避免中介机构利用其自身的信息优势服务于特定利益群体，从而谋求自身利益最大化而损害到流转的公平性，可建立中介服务组织准入制度和考核机制，以监督中介服务行为，提高中介服务质量，引导中介组织合法、诚信经营，为林地流转提供高效便捷的服务。

（三）加强流转后监管，促进林地经营可持续发展

林权的流转关系到林地的保护和利用，关系到森林资源的发展，流转后也要对林地、林木的用途进行跟踪和监督，以保证流转过程的合法，切实避免林权流转后使用过程中的"乱象"。一是制止占地不开发的行为发生。对这种情况，林业主管部门应有权制止，并有权依法要求占山者占地者限期完成造林绿化或要求林地所有者无偿收回宜林荒山荒地使用权。二是加强对流转的土地改变林地用途的监督管理。林地流转的目的是促进对林地的开发利用，发展林业，不得改变林地的用途是林地流转的前提，林业部门一定要加强对流转后林地开发利用的监控，督促经营者按照合同完成各项林业发展任务，及时查处纠正违法违规行为，实行严格的林地用途管制，可建立奖惩机制，对符合要求的林业经营主体可给予林业生产经营扶持政策支持和贷款优惠，对不符合要求的依法禁止或限制其从事涉林项目。鼓励和支持林业经营主体主动公示林地、林木开发利用和流转合同履约等情况年度报告，自觉接受林业主管部门的行政监督和媒体群众的社会监督，拓宽监督渠道，开通监督反馈热线。三是加强林地流转后的经营服务。对于部分受让者而言，因为有以前管护承包经营的基础和多年林业建设实践，流转的林地经营应该问题不大，除技术上的指导和应该提供的职能服务外，日常的经营业务能够达到企业的要求。对其他受让者，可以组建"非公有林森林经营服务公司"，协调林业主管部门与民有林主之

间的关系，并为民有林主有偿或无偿提供编制经营方案、提供优质苗木、造林、中幼林抚育、采伐、运输等诸多方面的技术支持和服务，接受民有林主关于林地经营各项委托任务。

（四）帮助农户建立合作组织，建立林农社会保障机制

随着集体林权制度主体改革的完成，林业生产单元数量的剧增和生产规模的减小成为不争的事实，使得林业管理部门的管理难度有所加大。建立农民合作组织有助于实现生产要素的汇集和生产规模的扩大，也有利于林业管理部门开展管理工作。农户选择私下流转的一个重要原因是其拥有的林地林木数量难以达到场内交易的要求。因此，若农户所拥有的林地林木数量较少和分布较为分散，在林地林木流转中只能拥有有限的选择权，从而在流转中处于不利地位。通过建立合作组织，使得多个小规模生产单元成为一个大规模生产单元，突破有限选择权的禁锢，确保自身正当权益的实现。农户合作组织可采取股份制林场模式，农户依据所拥有的林地林木数量进行入股合作，选择某一农户作为负责人，组织生产经营，按各农户投入劳动力和股份数量进行分红；或进行统一流转，按农户股份数量分配流转收益。林业部门应会同村委会等农村基层组织，提供必要的技术和政策扶持，引导农户合作组织的形成。

此外，还需为失地林农建立再就业保障和社会保障。制定长效林地流转补偿政策，专门针对那些下山移民以及需转移就业的农民提供有效补助，鼓励和引导农民为林地流转提供积极配合。为了保证失地失林农民在林权流转后的生活，还需建立相应的生活保障机制，保证其流转利益。同时，在林权流转交易完成后，为帮助广大农户消除后顾之忧，还应尽快完善农户救济制度、社会保障和户籍制度，并设置一定的保障基金，为其今后生活提供有效保障。

家庭林场与农户利益联结机制研究报告

2018 集体林权制度改革监测报告

随着供给侧结构性改革的深入推进和集体林权制度改革的不断深化，家庭林场、农民合作社等新型林业经营主体发展迎来了新的发展机遇，尤其是生态文明、乡村振兴等一系列重大战略的全面实施，为家庭林场进一步发展壮大提供了新的契机。随着家庭林场发展水平和经营能力的不断提升，其在联户增效、助农增收方面的作用逐步显现，特别是有些家庭林场通过各种灵活方式与农户产生广泛联系，并通过组织模式创新和合作机制完善与农户建立了相对稳定的利益联结关系。

作为一种尚处于成长阶段的新型林业经营主体，家庭林场发展面临着政策环境不力、经营规模偏小、产业链低端徘徊、管理水平不高、格局视野不宽等诸多困难和问题，导致其与农户产生关联的空间不大、深入合作领域有限、建立的利益关系不稳、形成的联结机制松散。基于此，2018年8~9月集体林权制度改革监测甘肃组在开展常规监测的基础上，依据家庭林场区域分布特征，选取家庭林场增速较快且带动农户效果较好的河西走廊部分县（区）为重点调查区域，调查范围也兼顾了甘肃中东部和陇东南的部分县（区），共回收有效问卷60份。其中河西走廊所占数量最多，包括临泽县22家、玉门市21家、民勤县5家；陇东南地区有7家，分别为徽县2家、康县3家、清水县2家；中东部地区有5家，分别为泾川县3家、灵台县1家、会宁县1家。

家庭林场与农户利益联结机制及组织方式

家庭林场与农户间利益联结机制的外在表现是两者之间通过各种灵活的利益联结而形成的组织形式，内在实质是双方利益分配和风险承担的规则，合理的利益联结机制有助于形成规模经营，增强对市场风险的抵御力和竞争力，也能够调动经营主体的积极性，促进林业产业化及其组织的不断发展壮大。根据利益联结紧密程度的不同，甘肃省林业产业化经营中，家庭林场与农户利益联结机制及组织方式主要可以划分三种类型，即紧密型、半紧密型和松散型。

一、紧密型

紧密型利益联结机制是家庭林场与农户之间以要素入股的方式或共同参与林业产业化联合体经营过程中，通过建立相对稳定的利益关系而形成的相互联系、紧密合作的联结机制。调查发现，虽然近几年家庭林场发展数量增速明显，但能够与农户形成紧密型利益联结机制的家庭林场还是少数，仅占样本总量的15%左右，主要有要素入股和联合体经营两种方式。

（一）生产要素入股方式

生产要素入股方式指农户以林木、林地、资本、劳动力等生产要素入股家庭林场，获取一定股份，参与家庭林场的生产经营活动。调查发现，以生产要素入股方式参与家庭林场经营的农户多集中于林地面积较大、家庭劳动力较少或长期在外打工的家庭。多数农户以林地入股,由家庭林场对农户无暇管护的林地统一经营管理,挖掘林地在特色产品开发、生态文化创意、特色旅游服务等方面的潜力,有效促进林地的多功能化开发使用,提高了林地使用效率,部分农户通过与家庭林场建立长期稳定雇佣关系,获得相对稳定的工资收入,年终按照与家庭林场约定获得分红。紧密型利益联结机制及方式有效促进家庭林场和农户互利共赢,实现增收增效。调查显示,农户以生产要素入股家庭林场的方式尚处于实践探索中,如位于甘肃省康县城关镇斜崖村的林品汇家庭林场成立于2016年,主要从事蜜蜂养殖、蜂产品加工销售等业务,当地农户以生产要素入股家庭林场并参与其生产经营活动。其中,121户农户入股林地800余亩,每亩林地可获得120元/年的入股分红。大学生和回乡创业人员16人参与投股,年底根据经营效益按比分红,长期务工人员16人,人均可获得不低于6000元/年的收入。林品汇家庭林场向农户提供蜜蜂种苗和巢箱,进行养殖技术指导,统一回收原料和蜂产品销售。在明确的家庭林场和农户之间权责利的协议下,互惠互利,共同发展。

(二)林业产业化联合体经营方式

林业产业化联合体是龙头企业、农民合作社、家庭林场、农户等经营主体通过相互联系、紧密合作形成的以合理分工为前提、以规模经营为依托、以利益联结为纽带的一体化经营组织联盟,以降低交易成本,保证产品质量和利益最大化。通常以家庭林场与农户为基础、龙头企业为核心、农民合作社为纽带,采取"龙头企业+农民合作社+家庭林场+农户"的运行模式,各经营主体之间通过相互联合与协作形成相对稳定的利益关系,发挥各自所长,实现互利共赢。调查中发现,随着乡村振兴战略的推进和一、二、三产业融合步伐的加快,林业产业化联合体发展势头较好,如甘肃省康县王坝镇何家庄村的向阳花家庭林场,其经营范围覆盖种苗花卉、特色林果、林下畜禽及蜜蜂养殖、加工与销售、观光采摘、乡村旅游等领域。该家庭林场充分利用林地资源与空间优势,通过与当地农民合作社、旅游公司的紧密合作,形成"旅游公司+农民合作社+家庭林场+农户"联合体经营模式,将林下蜂蜜养殖和生态旅游结合起来,由农民合作社为家庭林场蜜蜂养殖提供技术信息服务,旅游公司投资建设特色农家客栈8家、庭院农业观光区100余亩、庭院经济示范区10余处,推动并形成以生态绿色为主导的林下种养殖、林产品加工、森林旅游为一体的特色涉林产业。

二、半紧密型

半紧密型利益联结方式是家庭林场、农户及其他经营主体以契约为基础建立的相对稳定的利益关系,是目前家庭林场与农户利益联结较为普遍的形式。这种利益联结方式下,家庭林场有了充足而稳定的原材料来源,农户林产品也有了相对稳定的销售渠道和市场,能够有效降低交易成本、市场风险和生产经营的不确定性,可以划分契约式、合作式和托管式等形式。

（一）契约式

契约式利益联结机制组织方式是一种典型的半紧密型的，是指家庭林场与农户之间通过签订供销合同，明确规定双方的责权利，以契约关系为纽带，建立相对稳定的购销关系（以市场价收购或者保底收购），其组织模式主要为"家庭林场+农户"。如图4-1所示，家庭林场为农户提供农资采购、技术指导等服务，农户向家庭林场提供初级产品，通过家庭林场将林产品推向市场。这种利益联结机制既解决了林产品"卖难"的问题，又解决了市场竞争中农民利益保护的问题，双方有了经济约束，并在林产品的生产、收购环节上互相负责，有效降低了违约风险，充分调动了农民发展林业的积极性。如甘肃省民勤县的鼎泰红家庭林场通过与农户签订收购合同，以55元/立方米和85元/立方米收购当地农户发展养殖业产生的羊粪与鸡粪等，在帮助农户解决了养殖废弃物造成的环境污染和村容村貌破坏问题的同时，有效促进了农民增收。2017年，鼎泰红家庭林场收购农户养殖废料约1500立方米，帮助近百户农户增收10万余元。鼎泰红林场还与当地大农贸市场建立生态鸡绿色食品直销专柜，与餐饮、旅游企业共创绿色食品品牌，不仅解决了生态鸡产品的销售问题，而且还提供就业岗位，吸纳农村剩余劳动力，显著提高了当地农民的收入。

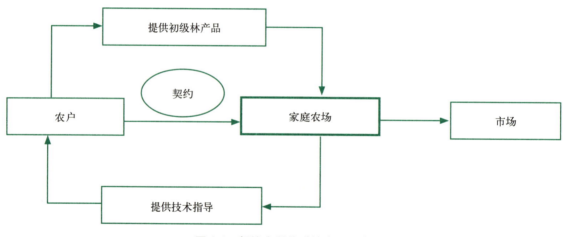

图4-1 契约式利益联结实现形式

（二）合作式

合作式利益联结机制是指家庭林场通过农民合作社与农户发生利益关系，如图4-2所示，农民合作社作为桥梁联结农户与家庭林场的中间组织，农民合作社向家庭林场提供劳动力（家庭林场优先雇佣合作社社员）和农户生产的产品，由家庭林场利用自己开拓的成熟销售渠道和网络将产品销往市场，农民合作社再将家庭林场经营收益按商定方式返还农户，同时向农户提供种养技术。合作式利益联结机制运行过程中主要通过合作社作用的发挥，将农户的个体行为引导转化为集体行为，有效提高了农户与家庭林场交易中的地位，也有利于保护农户的权益，如甘肃省康县阳坝镇二坪村的梅园太平鸡家庭林场成立于2009年10月，以林下养殖为主要经营内容，其养殖品种太平鸡为甘肃省唯

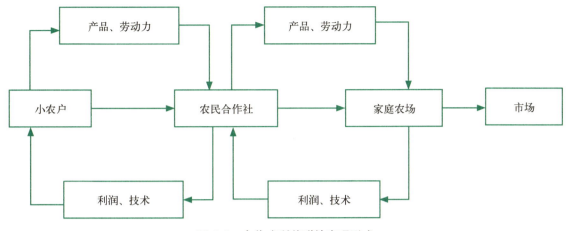

图 4-2　合作式利益联结实现形式

一具有保护扩繁价值的地方品种，养殖前景广阔。2011 年，在原有太平鸡家庭林场基础上，创立了康县梅园太平鸡生态养殖专业合作社，合作社社员通过合作社与庭林场建立合作式利益联结，形成"家庭林场 + 合作社 + 农户"的经营模式。家庭林场为农户提供鸡苗，进行技术指导，农户主要负责在林场中放养鸡苗，待鸡苗长大后由合作社统一收购、销售。截至目前，合作社已有成员 102 户，投资额达 612 万元，带动陇南市康县、武都、宕昌、文县、西和等 5 县 6 乡镇 14 个行政村 216 户养殖户进行太平鸡养殖，社员年均纯收入增长 8160 元，有效提升了农户增收，促进了家庭林场发展。

（三）林地托管式

林地托管指受托人接受委托，按照合同约定对林地进行经营管理的行为，通常是农户将林地委托给家庭林场、林业大户或农民合作社统一经营管理，农户根据委托约定获取一定的经营收益，林地托管后，农户还可节省出时间外出打工或从事其他业务，获取一定的工资性收入，增收效果显著，如甘肃省康县林品汇家庭林场于 2016 年 6 月登记注册，占地面积 1000 余亩，主要从事林下中药材种植与中蜂养殖。2018 年林品汇家庭林场与平洛镇刘河村、望关镇鹞湾村、袁山村、长坝镇高石村、范寺村、大山村、刘沟村等村的 216 户贫困户建立了中蜂托管约定，代管约 2100 箱中蜂，约定于每年底进行蜂蜜效益保底分成，家庭林场保障农户获得每箱中蜂蛹 600 元 / 年的保底收入，约定期满后，农户可选择按效益分成继续由家庭林场托管经营，也可将所有蜂箱认领后自己经营，家庭林场与农户签订蜂蜜保底收购合同高于市场价 5 ~ 10 元 / 斤。林品汇家庭林场每年可向小规模蜂农收购百斤左右蜂蜜，向大规模蜂农收购上千斤蜂蜜，直接帮助农民增收数千元到上万元，通过托管农户林地，家庭林场有效整合了分散的中蜂资源，扩大了经营规模，增加了林业收益。

三、松散型

松散型利益联结机制下，家庭林场与农户间没有预先签订契约，家庭林场根据市场行情和当前生产需要，随机收购农户生产的林产品或雇佣劳动力，双方操作自由度高，灵活性强，但由于缺乏权益纽带，各主体间利益保障不稳定。调查样本中，约三成家庭林场通过季节性雇工、林产品收购和技术引导与农户建立了松散型利益联结，在一定程度上，发挥了带动农户的作用，实践中主要表现为就业带动、产品销售带动和示范带动等三方面。

（一）就业带动

随着家庭林场的不断发展壮大，生产过程中的用工需求也越来越多，尤其是季节性用工时量大幅增加。调查数据显示，八成以上家庭林场有长期或季节性雇工，其中季节性雇工占总雇工数的94.6%，主要来自当地或临近周边的农村劳动力。如甘肃省临泽县平川镇有财富农林场，农忙时节需要大量季节性雇工，平均每年向四一村及周边的杨家东崖头、芦湾、石家庄村、四坝、甘沟桥雇佣季节性雇工2000人次，为当地农户提供了大量的就业机会，有力带动了附近低收入农户的灵活就业，增加农户收入（表4-1）。

表4-1 临泽县平川镇有财富农林场季节性雇工统计

季节	从事工作	需要人数（人/天）	需要时间（日）	人均工筹（元/日）
春季	清洁修补	10	10	80
	林木修剪	5	10	150
	隐患排查	5	10	80
夏季	林木灌溉	2	20	80
	锄草除虫	3	20	80
	补肥抚育	5	20	100
秋季	林果采摘	60	15	80
	分拣包装	25	15	80
	装箱搬运	15	15	120
冬季	养护保暖	13	20	80
	防疫修剪	7	20	150

（二）产销带动

农户林业生产经营体量小，获取市场信息难度大，林产品交易困难，在市场上缺少竞争优势。而家庭林场随着经营规模的扩张，产品销售渠道和网络逐步扩大畅通，对林产品的需求增大，当自有产品量不足批量销售时，可通过收购农户产品补充，一定程度上可带动农户林产品的销售。如甘肃省徽县柳林镇江口村德胜家庭林场主要从事核桃和干银杏叶加工销售，市面上普通银杏叶1元/斤，干银杏叶2元/斤，由于自身供应量有限，德胜家庭林场每年季节性面向农户收购银杏叶，收购价格一般以市场价作为参考，直接带动周边70多户农户就近便利销售产品，有效减少交易成本，促进农民增收效果明显，户均增收可达到1000～2000元。

（三）示范带动

在惠农强农政策的鼓励引导下，蓬勃发展的家庭林场经营效益逐步释放出来，相对一般农户更有能力率先引进应用先进生产技术和经营管理理念，并通过技术外溢和示范作用带动农户提升林业产出效益。如张掖市甘州区甘浚镇速展村的培山林场主孙培山精通杏树嫁接技术，近年来通过经营家庭林场创立了自己的林产品品牌，产品受到市场认可，经济效益可观，速展村及附近农户了解到培山林场的发展现状后，借鉴培山林场先进的管理及科学种植技术，种植杏王金杏梅、红宝石等优质杏品种，面积达千余亩，逐渐实现规模经营，间接带动甘州区农户杏树种植面积达 2 万多亩，上千户农户增收致富。

家庭林场与农户利益联结及机制运行面临的困难和问题

一、契约意识淡薄，利益联结松散

调查发现，家庭林场与农户之间形成的利益关系复杂多样，且多数情况下以口头约定来确立双方之间的合作关系，签订书面合同的情况相对较少，契约意识较淡薄。从图4-3的调查统计结果来看，家庭林场流转林地的过程中，超过一半的林地流转仅仅是口头约定，并未与农户签订正式书面合同，绝大多数家庭林场收购农户林产品随意性现象普遍，合同约定很少见，林地托管方面约60%的家庭林场也没有与农户签订书面合同。即使有些家庭林场与农户利益关系的形成有书面合同约定，但因合同条款不规范、严谨程度不够，或履约期限、方式、地点等未明确体现，导致合同约定更多表现为一种形式，对双方履约的实质性约束度不够，违约情况时有发生，尤其是多数家庭林场根据市场行情和当前生产需要，随机收购农户生产的林产品或雇佣劳动力，操作过程中自由度高，灵活性强，但当市场情况发生较大变动时，由于缺乏相应的契约意识和规范的合同约束，随意性很大。导致家庭林场与农户之间形成的利益关系不稳定，利益联结机制松散。

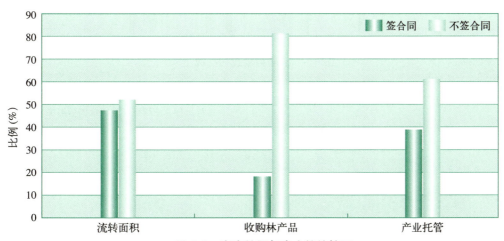

图 4-3　家庭林场与农户签约情况

二、发展资金严重缺乏，利益联系空间受阻

家庭林场资金投入需求量大，见效缓慢、资金回收周期长，并且大部分家庭林场成立时间不长，尚处于前期投资建设阶段，资金需求压力很大，图4-4的调查结果显示，总样本中近一半的家庭林场盈利状况基本处于亏损状态，10%左右的家庭林场盈亏基本持平，有23%左右的盈利在10万元以下，仅有20%的家庭林场盈利能力达到10万元以上。由此可见，多数家庭林场内源性资金积累与供给能力很弱，远远不能满足后续发展中对基础设施及装备建设、林地流转与劳动力雇佣、产品生产与加工、销售市场开拓等环节大额资金再投资需求，资金供需缺口很大。

调查中了解到，80%的家庭林场主希望通过银行贷款途径来缓解这一状况，但农村金融机构出于风险控制考虑，尽可能将资金投向相对安全的非农领域，而农商银行、村镇银行、小额贷款公司等地方性金融机构受自身资金规模的制约，无法满足家庭林场对较大额度投资的需求，民间融资渠道的不规范性导致其所起到的作用非常有限，融资难成为家庭林场发展的严重束缚。林权改革中积极探索的林权抵押贷款对以生态公益林为主的甘肃省来说，能够用来林权抵押的林地资源少且经济价值不高，林权抵押贷款风险补偿机制不健全并且林权处置难度较大等，实际操作过程中还存在着不少困难和问题，金融机构开展林权抵押的积极性普遍不高。从图4-5的调查结果来看，仅有10%左右

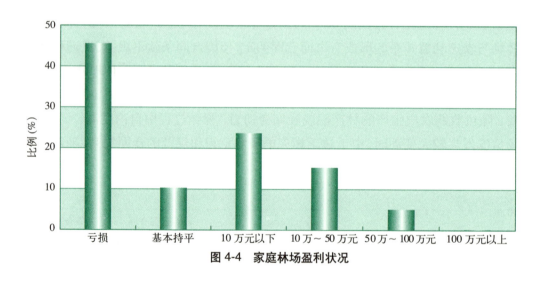

图 4-4　家庭林场盈利状况

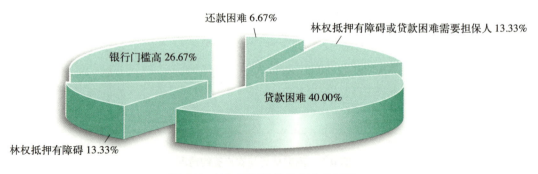

图 4-5　林权抵押贷款难度大的原因

的家庭林场通过林权抵押贷款来获得资金，且多数林场主认为林权抵押贷款难度大，其中，40%的家庭林场主认为林权抵押贷款困难，26.67%的家庭林场主表示林权抵押贷款门槛高，13.33%的家庭林场主认为林权抵押有障碍，6.67%的家庭林场主认为林权抵押贷款的还款困难，剩余13.33%的家庭林场主表示林权抵押贷款手续复杂、还需要担保人。

内源性资金供给能力严重不足和外源性融资渠道不畅严重制约着家庭林场在标准化生产与储运加工、质量认证与品牌创建、市场开拓等环节的持续性再投资，导致家庭林场普遍存在经营规模偏小、发展后劲乏力、带动力不强等问题，其经营业务拓展的范围和产业链延伸的长度宽度非常有限，与农户发生利益联系的空间不大、机会不多，即使在某些领域与农户发生一些利益联系，但更多体现为临时性劳动力雇佣、准市场化产品购销、林地流转及托管代管、技术示范推广等不稳定的短期性利益关系，以入股、联合体经营等方式与农户形成长期的稳定利益联结机制的情况相对较少。

三、家庭林场综合发展能力不足，辐射带动作用不强

甘肃省农业农村经济发展相对落后，市场发育的不成熟，市场体系的不健全、机制的不完善导致资源配置市场化程度不高，要素流动性不畅、集聚能力不足，家庭林场整体发展环境不利、经营规模普遍偏小，图4-6的调查结果显示，调查总样本中将近40%左右的家庭林场经营规模在150亩以内，70%左右的经营规模在500亩以下，1000亩以上的家庭林场仅占样本总量的14%左右。

大多家庭林场经营业务主要以初级产品生产与分拣包装等粗简加工为主，产业链不长不宽，价值链低端锁定，产品附加值不高、竞争力不强，在规模化经营、产业化发展、先进技术应用、商业化创新等领域步履维艰，家庭林场的经营领域和发展层次限制在一定的范围之内，难以在更广阔的空间和更高的层次上与农户形成广泛利益联系，因此带动农户共同发展的能力非常有限。调查结果显示，总样本中有一半多的家庭林场或多或少的发挥了直接带动农户的作用，但带动农户数量非常有限，直接带动农户的家庭林场中有70%左右的带动农户数量在50户以内，仅有极少部分（5.88%）带动农户数量达到150户以上（图4-7）；有40%左右的家庭林场通过各种灵活多样的方式间接起到了带动农户的作用，但间接带动农户的家庭林场中有60%左右的带动农户数量在50户以内，一小部分（10.71%）带动农户数量能够达到150户以上（图4-8）。

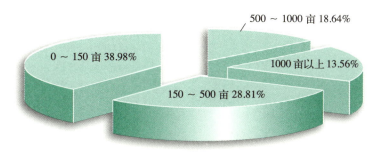

图4-6　家庭林场发展规模

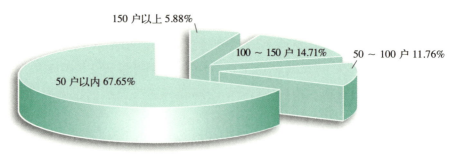

图 4-7　家庭林场直接带动农户情况

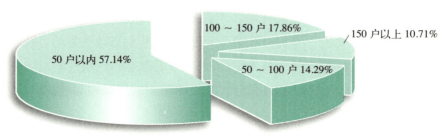

图 4-8　家庭林场间接带动农户情况

调查中还发现，不少家庭林场是由种植（养殖）大户转型而来，林场主以土生土长的农民为主，经营林场主要依靠传统小农经济方式中积累的经验与技能，发展理念因循守旧、组织方式传统粗放、管理手段循规蹈矩，综合发展能力不足，辐射带动作用不强。

四、家庭林场主格局视野不宽，合作共赢意识不强

调查结果显示（图 4-9），近年来在国家惠农强农政策的大力引导和地方政府的强力扶持下，不少受教育程度在大专及以上的青年人才积极返乡创办家庭林场，但这类人才还是相对稀缺，60% 以上的家庭林场主受教育程度主要以初高中受教育水平为主，还有不少家庭林场主受教育程度是小学及以下。随着家庭林场规模的不断扩张，经营管理难度逐步加大，对林场主的综合素质要求越来越高，但农村人力资源有效供给的不足导致家庭林场雇佣劳动力成本高且不稳定，林场主常年处于超负荷工作状态，加之受教育水平不高的客观限制，使得家庭林场主接受继续教育、经营管理能力及专业技术培训的机会与时间非常有限。与此同时，农村经济社会发展滞后、信息流通渠道不畅、思想观念因循守旧等因素导致家庭林场主对农业农村发展政策的认识不够深入全面、理解不够透彻，对经济社会发

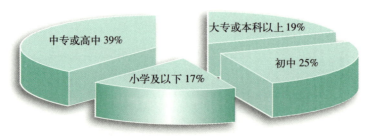

图 4-9　家庭林场主受教育程度

展形势的判断易出现短视化倾向，加之在小农思维惯性的影响下，不少家庭林场主发展意识淡薄，行为故步自封，缺乏开拓创新精神，难以在更广阔的视域全局性谋划家庭林场长远发展之计，经营过程中更多关注的是眼前的切身利益和短期性赢利目标，意识不到与广大农户的抱团合作是国家强农惠农政策之根本，也是推进乡村振兴的必由之路，认知的不到位导致家庭林场主与农户广泛结盟并形成稳定利益关系的主动性不够，意识不强。

五、扶持政策覆盖面不宽，农户利益保障不力

随着供给侧结构性改革的不断深入和乡村振兴战略的有序推进，有利于家庭林场发展的优惠政策不断出台，甘肃省先后出台认定办法、开展工商注册登记、财政金融支持与税收优惠、强化基础设施建设、经营管理规范、林权改革深化与林地流转等一系列扶持家庭林场发展的政策措施。虽然大部分家庭林场或多或少地获得了相关政策的扶持，但具体实施过程中受各种条件限制和各类因素的影响，政策惠及的不平衡性和不充分性导致优惠政策覆盖面不够宽广，实施效果不甚明显。从图4-10的调查结果来看，能够获得专项资金政策扶持的家庭林场仅占样本总量的10%左右，能够获得财政补贴的家庭林场占30%左右，能够获得用地优惠、水电优惠、金融支持的家庭林场分别占12.82%、10.26%和12.86%，有少数家庭林场能够获得税收减免的优惠政策。

调查还发现，因销售渠道不畅、信息不对称等因素导致农户对林产品市场交易行情

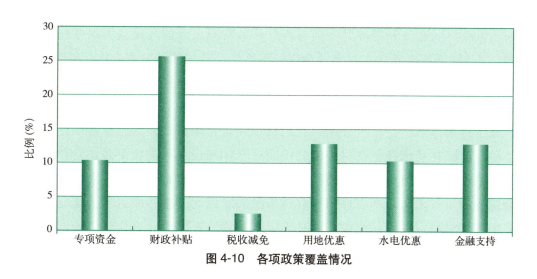

图 4-10　各项政策覆盖情况

了解不够及时，存在有些家庭林场以较低价位收购农户林产品的现象；还有一些家庭林场因资金周转困难、产品销售不及时或其他原因，较长时间拖欠临时雇佣的周边农户的工资或收购农户产品的货款，而引发的农户不满意现象；另外，当家庭林场与农户发生利益冲突或纠纷时，村委会或地方政府在协调处理的过程中，有时会出现权力保护主义偏向或有失公允的做法，作为弱势群体的农户利益往往得不到有效保障。由上述现象所引起的沟通不畅、信任障碍、诚信缺失等问题，不利于家庭林场与农户之间建立长期稳定、互惠共赢的合作关系和更紧密的利益联结机制。

家庭林场与农户利益联结实践案例分析

一、紧密型利益联结机制及组织方式——康县向阳花家庭林场实践案例分析

（一）家庭林场发展概况

向阳花家庭林场位于距康县县城6千米的王坝镇何家庄村，该村是国家3A级旅游景区和甘肃省级改善农村人居环境"千村美丽"达标村。向阳花家庭林场于2017年7月正式注册登记，注册资金50万元，经营范围涉及种苗花卉、特色林果、林下养殖、观光采摘及康养农居等，林场经营面积163亩，其中农户入股土地103亩，主要用于种植特色林果业和向日葵，已栽植50亩桃树、李树、杏树等特色林果和60亩向日葵。林场成立以来已累计投入资金102万元，用于发展林下禽畜和蜜蜂养殖，建成鸡舍4座散养太平鸡，当年种鸡存栏达5000只，2018年初购入500箱种蜂进行培育繁殖，上半年已销售180箱，实现销售收入10多万元，并先后投入27万元用于观光道路改造、观景平台建设等基础设施与条件改善。

（二）向阳花家庭林场与农户利益联结机制及组织方式

向阳花家庭林场充分利用林地空间与特色林果资源，通过与康县秀川乡村旅游度假有限公司、康县陇情蜜意养殖农民专业合作社等新型经营主体的紧密合作，初步形成"旅游公司+农民专业合作社+家庭林场+农户"产业化联合体经营模式。其中，秀川乡村旅游度假有限公司成立于2015年，主要经营林家乐和农家客栈。农家客栈由旧时民居改造而成，属于村集体财产，旅游公司入股后负责经营管理客栈，为游客提供住宿、餐饮和农事体验；家庭林场依托所在村实施的田园综合体建设项目与旅游公司合作发展观光休闲旅游，由旅游公司负责广告宣传和收纳客源，同时，家庭林场为旅游公司经营的林家乐定期供应肉蛋及果蔬，不仅保障了食材来源的绿色无公害，而且又为家庭林场生产的产品提供了相对稳定的销售渠道；康县陇情蜜意养殖农民专业合作社为家庭林场中蜂和太平鸡养殖提供必要的技术信息支持；农户以土地和民居入股家庭林场和村集体，分别获得家庭林场和村集体的租金收入和利润分红。

这种产业化联合体经营模式通过龙头企业、家庭林场、农民合作社等新型经营主体与农户之间的更紧密合作，形成"收益共享、风险共担"的利益共同体，其中家庭林场与农户之间形成利益联结机制的关键节点主要体现在以下几个方面：

1. 农户以土地入股家庭林场的方式分享土地增值收益

农户以入股形式向向阳花家庭林场流转土地103亩，合同期限60年，每10年一续签，农户除每年获取240～550元/亩的土地流转费外，待家庭林场产生经济效益后，按照每亩纯收益的10%向农户支付收益分红，既能保证农户获取土地流转的稳定收益，也能保证农户获取合理的土地增值收益。

2. 家庭林场通过收购农户农林产品的方式实现经济共赢

随着家庭林场太平鸡养殖规模的不断壮大，对鸡饲料的需求量也越来越大，需要大量收购周边农户种植的玉米作为饲料的重要补充，有效降低了玉米市场给农户带来的交易成本和风险。除此之外，家庭林场还定期面向农户收购荠菜、蕨菜等特色山野菜，经分拣包装后集中供应旅游公司或出售给游客，有力带动农户实现多途径增收。

3. 家庭林场通过季节性雇工带动农户收入增长

家庭林场季节性雇工主要用于土地修整、林果栽种和花田培育等，用工量较大，雇佣人数30余人，日工资约100元，周期约90天，年人工费用达到27万元，直接带动周边农户获取相对稳定的工资性收入。

4. 通过产业带动助农脱贫

向阳花家庭林场响应国家号召，积极履行社会责任，主动承担起产业带动、助农脱贫的重任，2018年上半年蜂群销售主要面向贫困户，带动周边贫困农户发展蜜蜂养殖产业，并在技术上给予支持，帮助当地贫困户从根本上脱贫致富。

（三）实践经验与政策启示

1. 加快三产融合发展，拓展利益联结空间

向阳花家庭林场立足特色林果资源，加快林业多功能开发与利用，有力促动一、二、三产业融合发展，打造集特色林果种植、林下畜禽及蜜蜂养殖、产品加工销售、休闲体验采摘等为一体的多元复合型农林业新业态，努力培育新的乡村经济增长点和创造更多的就业机会，在更大范围和更高层次上实现与农户更广泛的利益联系，并通过机制创新与更多农户形成紧密利益联合体，实现共融发展。

2. 创新利益联结组织模式，分享价值链增值收益

向阳花家庭林场通过产业链的多维度延伸和经营业务的多领域拓展，与旅游公司、农民合作社等主动合作，推动并形成以企业为引领、合作社为纽带、家庭农场和农户为基础的"龙头企业+农民合作社+家庭林场+农户"产业化联合体经营模式，通过产业联结、要素流动和利益共赢有效实现价值链增值，包括家庭林场在内的各类经营主体与农户分享合作收益。

3. 主动履行社会责任，带动农户共同发展

向阳花家庭林场鼓励农户以土地入股家庭林场，通过与农户签订长期合作协议而形成相对稳定的利益共同体，通过技术扶持与产品销售带动贫困农户发展蜜蜂养殖产业，做大做强特色产业实现助农增收，并从根本上带动农户脱贫致富。

二、半紧密型利益联结机制及组织方式——徽县正昌祥味子沟家庭林场实践案例分析

（一）家庭林场发展概况

创建于2013年7月的正昌祥味子沟家庭林场位于素有"陇上小江南"之称的徽县泥阳镇郑垭村，地处嘉陵江上游，西秦岭南麓，气候温和，交通便利，林场创建之初主要

从事苗木育林，2017年3月借力政策契机正式登记注册以来，经营范围逐步向花卉种苗、林下养殖、林下种植、生态旅游等领域延伸，现有资产600多万元，林场面积6358亩，林地全部来自农户流转，合同流转期限为50年，流转农户土地1000多亩，主要用于与农户联营育苗。2017年底家庭林场已完成道路改造、土地平整等基础设施建设，累计修路20多千米，完成1000多亩特色林果银杏的栽种、2000多亩中药材和400多亩花卉的培育，林场年收入可达215万元，净利润60余万元。未来计划继续扩大苗圃的种植面积和投资建设野生动物养殖基地，充分利用丰富的林地资源和林下空间，带动更多农户共同致富。

（二）正昌祥味子沟家庭林场与农户利益联结机制及组织方式

正昌祥味子沟家庭林场创建之初主要从事苗木育林，近年来随着发展规模的逐步扩大，经营范围逐步向花卉种苗、林下种养殖、林下种植、生态旅游等领域延伸，与农户发生联系的空间越来越大，范围越来越广，利益联结机制也逐步完善趋稳，初步形成"家庭林场+农户"的利益联结机制及组织方式，利益联结关键环节主要体现在以下几个方面：

1. 与农户联营发展育苗产业

正昌祥味子沟家庭林场从2013年成立之初，依托自然资源禀赋和区位优势，长期流转周边村庄农户土地1000多亩，以劳动力入股方式吸引周边农户共同发展育苗产业并形成联营体系，农户每年既可获得400～500元/亩的土地流转收益，也能每年用7～9个月的时间参与家庭林场的育苗作业并获取2万～3万元/年相对稳定的工资性收入，有效降低了单家独户种植苗木的风险和解决了农户育苗资金短缺的问题。近年来家庭林场通过引进新优品种和调整优化育苗结构，初步形成了集设计、预算、施工、养护及苗木生产培育为一体的科学化生产管理体系，建成品种多样、长势良好的苗木育林生产基地，与农户利益联结日益密切，示范带动作用不断增强。

2. 收购周边农户林产品

味子沟家庭林场每年因生产加工需要，收购周边20～30户农户的银杏叶、青皮核桃、苗木等林产品，收购时以质论价，每年能为每家农户带来3万～4万元的收入，并且林场计划进一步扩大生产规模并开展青皮核桃的深加工和品牌建设，与更多农户签订收购合同，开展长期稳定合作。

3. 为农户提供技术指导与服务

为保证收购产品的品质，林场每年委派2～3名专业技术人员为农户免费提供现场指导，帮助农户掌握更加科学、先进、有效的种植方法和技术，每年为所在村农户提供2次左右的技术指导服务。

4. 季节性用工

林场用工量大，尤其遇到核桃、银杏叶采摘以及烘干等季节性节点时用工需求量更大，并且一直坚持优先雇用流转出林地的农户，2017年林场季节性雇工用工天数累计超过90天，平均每天用工量达50人左右，能够带动周边农户每户增收达8000元左右，且每年10月到翌年5月，林场还需要雇人管护林地，管护用工量达20人左右，管护雇工多为周边农户。

5. 为贫困户提供资金扶持

家庭林场近年来先后为郑垭村4户贫困农户提供生产资料款赊垫累计资金30万以上，帮助其解决了资金周转之困。

（三）实践经验与政策启示

1. 优化资源要素配置，构建利益联结机制

正昌祥味子沟家庭林场一方面通过生产要素合理流动和优化配置（即长期流转农户土地与林地）与农户形成相对稳定的利益联结关系，另一方面通过资源整合与充分利用（即农户以劳动力入股家庭林场）和农户结成相对紧密的联营关系，有效降低了小农户经营的脆弱性和提高了资源要素的配置效率，实现了小农户与现代农林业发展的有机衔接。

2. 壮大产业经营规模，拓展农户增收途径

正昌祥味子沟家庭林场立足自然资源禀赋与气候环境条件，充分利用特色林产品资源，延伸银杏叶、核桃等加工产业链，面向农户大量收购加工原料，拓展农民增收途径，有效实现经济共赢。

3. 主动创造合作机会，稳定利益合作关系

正昌祥味子沟家庭林场为提高加工原料品质，在主动为农户免费提供技术服务的基础上，计划与农户签订收购合同，进一步稳定合作关系，在长期流转农户林地的基础上，不断扩大造林营林规模，创造更多的就业岗位，带动周边农户共同发展。

三、松散型利益联结机制及组织方式——临泽县天进林场实践案例分析

（一）天进林场发展概况

2012年创办的临泽县板桥镇天进林场，地处北纬38°酿酒葡萄种植的黄金地带，地势平坦、土地肥沃、交通便利、光照资源丰富。2014年正式注册，林场经营面积367亩，全部来自于流转的村集体戈壁滩涂，合同流转期限为30年，主要经营葡萄种植、林下养殖和生态林营造，其中，养殖场占地10余亩，含养殖大棚1座，当年肉牛存栏100头、肉羊300只；以杨树为主的生态林占地150亩，营造4千米的防风林带；葡萄种植园占地200多亩，栽植酿酒葡萄苗木数十万株，并陆续投资修建与之配套的管理及仓储用房、滴灌水利设施和蓄水池，进入丰产期酿酒葡萄亩均产量可达800~1000千克，年收入可达110万元，净利润可达30万元。

（二）天进林场与农户的利益联结机制及组织方式

天进林场与甘肃红桥庄园葡萄酒有限公司通过签订产品购销合同建立长期合作关系，进一步拓宽与稳定产品销售渠道，协定红桥庄园将林场生产的葡萄全部收购，与林场合作的红桥庄园主要经营葡萄酒生产销售、葡萄榨汁等，随着红桥庄园生产规模的不断扩张，

对葡萄原料的需求量越来越大，天进林场充分发挥示范带动作用，带动周边更多农户种植葡萄，初步形成"龙头企业＋家庭林场＋农户"的经营模式，其中家庭林场与农户之间的利益联结关系主要体现在以下几个方面：

1. 通过发展示范与技术推广带动农户共同发展葡萄产业

甘肃红桥庄园葡萄酒有限公司成立于 2014 年 12 月，随着酒庄建设相继完成和生产线的逐步完善成熟，对葡萄原料的需求越来越大。天进林场的葡萄原料生产量难以满足公司生产的实际需求，需要从农户收购优质葡萄作为原料补充，林场投资修建的仓储设施有效发挥了集聚和储运农户葡萄的作用。与此同时，天进林场为保证葡萄品质符合红桥庄园的要求，长年聘请专业技术人员对葡萄种植及管理进行技术指导与培训，并且将培育出的优质葡萄品种和实践中总结出的科学高效的葡萄种植技术及管理经验向周边农户大力推广，有效提升了农户种植葡萄技术和产品品质，林场近期还计划与周边葡萄种植农户签订产品收购合同建立长期合作关系，在天进林场的示范带动作用下，周边农户发展葡萄产业的积极性高涨，种植规模不断扩大。

2. 通过收购农户秸秆资源和用工促进农民收入增长

随着天进林场养殖规模的不断扩大，对饲料的需求量也日益增加，每年需要稳定收购周边 15～20 户农户的玉米秸秆及有机废弃物资源作为牛羊饲料的重要补充，帮助每户农户年收入增加 3000～6000 元，并且林场在每年 3～11 月长达 9 个月的时间里需要长期雇用周边农户 10 余人负责葡萄种植、果园管理等工作，尤其是在葡萄埋土、修剪和采摘等季节性用工的高峰期，日用工量达 100 人左右，用工天数在 10 天左右，有力促进了农户工资性收入的增长。

3. 通过营造生态林引导农户走绿色可持续发展之路

天进林场充分利用戈壁滩涂种植杨树百余亩，营造了数千米的防风林带，不仅起到了降低风速和阻截流沙的作用，还通过增大绿化面积和提高森林植被覆盖率，起到改善生态环境和净化空气的作用，并通过示范作用的发挥引导农户走可持续发展之路。

（三）实践经验与启示

1. 依托龙头企业提升经营水平，更好发挥带动农户作用

天进林场通过与龙头企业建立长期稳定的合作关系，不断壮大发展规模和提升经营管理水平，通过稳定产品销售渠道和建立紧密合作关系更好实现抱团发展，并通过技术示范推广和社会化服务带动农户共同做大做强区域特色优势产业，有效减少农户市场交易成本和风险。

2. 践行绿色发展理念，弘扬生态文明价值观

天进林场充分利用戈壁滩涂不断扩大营林造林规模，通过防风林带建设与种养循环产业链延伸，形成融循环生产、减灾防灾、生态环保为一体的生产经营模式，通过废弃物的再循环利用有效提高资源利用效率和减轻环境污染，在积极践行绿色可持续发展理念的同时，通过示范作用发挥向农户倡导生态文明主流价值观。

3. 充分利用废弃物资源拓展经营领域，多渠道促进农户收入增加

天进林场充分利用作物秸秆和葡萄枝叶等有机废弃资源，大力发展牛羊鸡的养殖，

并通过向农户大量收购作物秸秆促进农民收入增加，与此同时，农场作业过程中的大量用工需求也给周边农户带来不菲的工资性收入。

四、案例比较与讨论

通过以上案例分析发现，家庭林场与农户形成的三种利益联结机制及组织方式都在联户增效、助农增收方面发挥了有效作用，但在契约关系的稳定、农户利益的保障、发展环境的适应等方面还存在不同程度的差异：

（一）契约关系的稳定性方面

紧密型利益联结机制中参与各方通过要素入股、联合经营等方式形成"收益共享、风险共担"的利益共同体，在关键节点保证了契约关系的稳定性，契约意识较强；半紧密型利益联结机制中参与各方虽然通过建立广泛的利益关系扩大了合作领域和范围，但未能强化合作深度和升华合作力度，契约意识不强；松散型利益联结机制中利益关系的形成更多基于市场化行为，利益联结主要建立在道德约束与利益诉求的基础上，契约意识淡薄，一旦无利可图，联结关系就会终止。

（二）农户利益的保障方面

紧密型利益联结机制通过建构林业产业化联合体经营方式形成相对合理的分工与稳定的合作关系，各参与主体通过产业联结、要素流动和利益共赢实现价值链增值，并能够基本保障农户分享合作收益；半紧密型利益联结机制各参与主体虽然形成了一定的合作关系，但机制运行更倾向于利益共享，风险共担意识不强，随着交易条件、市场环境的变化，违约情况随时有可能发生，农户利益保障的稳定性不够；松散型利益联结机制更多表现为临时性用工或市场化购销关系，自由度大，灵活性强，但农户利益很难保障。

（三）发展环境的适应方面

相对来看，紧密型利益联结机制及组织方式是较为理想的家庭林场与农户联结方式，但建立紧密型利益合作关系对家庭林场和农户都是较大挑战，需要依托较好的自然条件、产业基础和相对成熟的组织管理模式，普遍性推广应用难度较大；半紧密型利益联结机制及组织方式运行相对灵活，家庭林场可依托当地产业发展基础，立足自然禀赋与环境条件，通过资源整合在更大的空间和更广的视域与农户发生广泛利益联系，并通过产业链的不断拓展和利益联结机制的不断完善逐步稳定利益合作关系，有效实现小农户与现代农林业发展的有机衔接，带动周边农户共同发展；松散型型利益连接机制及组织形式的运行随机性强、利益关系不稳定，合作的基础不牢靠，且农户经常处于被动状态，参与的积极性不强。

政策建议

由前述分析可以看到，不断涌现并快速发展的家庭林场通过产业链延伸、经营领域拓展、组织模式创新等方式，在联户增效、助农增收方面的作用逐步显现出来。但调查中也发现，家庭林场作为一种新型林业经营主体尚处于发展成长阶段，受经营规模小、产业层次低、发展环境不利、管理水平不高、格局不大、视野不宽等诸多因素的限制，在联户带农方面的重要作用和巨大潜力尚未释放出来，为进一步促进家庭林场与农户之间建立更紧密利益联结关系，还需要从政策层面给予更多的支持与引导，为家庭林场的成长壮大创造更为有利的政策环境，增强其综合发展能力和社会服务意识，激发家庭林场联户带农的主动性和积极性。与此同时，在政策设计与执行中要注重鼓励和引导家庭林场与农户广泛建立利益联结关系，扶持资金和项目安排适当向联户能力强、带农助农增收效果好的家庭林场倾斜。

一、营造政策支持环境，引导家庭林场与农户开展深层对接

不断加大林业基础设施建设支持力度，建立健全涉林产品物流体系，充分利用物联网、互联网，推进电子商务、直供直销、代理配送等林产品销售新型业态，有效促进产销衔接，实现价值链增值；积极拓展投融资渠道，优化林权抵押贷款程序和简化审批手续，推进公益林收益权质押贷款，确保林权贷款政策落到实处；通过项目倾斜充分发挥财政资金的引导和撬动作用，运用贷款贴息、奖补结合、政策性投资基金等配套措施，引导金融机构加大对家庭林场的贷款力度；鼓励金融机构创新金融支林产品与服务，充分利用集体林权制度改革成果，拓宽抵质押物范围，积极探索林业供应链金融服务创新，增强家庭林场融资能力；加大对家庭林场的保险宣传力度，优化保费补贴结构，扩大森林保险覆盖范围，提高林场主抵御自然灾害能力；积极宣传先进经营管理理念，传授先进科学技术，为家庭林场提供更多技术支持，进一步增强家庭林场的综合发展能力、加快培育一批经营效益好、品牌效应强的家庭林场，充分发挥示范带动作用。

二、合理布局产业链条，拓展家庭林场与农户利益联结空间

充分利用甘肃省特色各异的自然生态景观、多彩富集的森林旅游资源、独具特色的林果优质及其底蕴深厚的文化传承，加快林业多功能开发与利用，拓展林业产业链，把家庭林场产业链及经营范围逐步扩散到第二、三产业领域，有力促动第一、二、三产业融合发展，强化林业与休闲、养生、保健、创意、文化、旅游等产业的嵌套融合，打造集林业资源开发、特色林果种植、产品加工销售、林下畜禽养殖、生态休闲体验等为一体的、地域特色明显的多元复合型林业新业态，努力培育新的林业经济增长点和创造更多的就业机会；引导和支持家庭林场通过产业链横向一体化拓展、纵向一体化延伸、多

元一体化整合等多维空间延展，把涉林产业的生产、加工、流通、社会服务等不同环节上的利益主体串接起来，推动各类经营主体间通过产业联结、要素流动和利益共赢组建林业产业化联合体，通过对产业链关键环节的规范引导和政策扶持，有效实现林业资源高效利用和价值链增值，并通过分配机制优化、联户助农模式创新等方式，强化种养环节在产业链中的基础性地位，切实保障农户分享价值链增值收益，在更大的范围和更广的空间与农户形成更广泛利益联系。

三、优化资源要素配置，创新家庭林场与农户利益联结方式

加快建立和完善涉林产业社会化服务体系，为家庭林场产前、产中、产后提供优质、高效、全面的社会化服务，瞄准家庭林场需求强烈、但市场化机制尚未形成的关键环节，广泛开展公益性与经营性服务，激发家庭林场发展动力和壮大家庭林场发展规模，有效提高资源要素配置效率和降低经营风险，更好发挥带动农户的作用；深入推进农村"三变"改革和绿色生态发展，支持家庭林场通过要素入股、主体联营、产业协作、林地托管等经营方式创新，促进林（土）地、资本、劳动力、技术等发展要素合理流动；全面深化供给侧结构性改革，充分发挥市场机制配置资源的决定性作用，推动家庭林场与各类涉林经营主体建立广泛合作关系，通过资源整合与组织模式创新，形成更紧密利益联合体，有效降低小农户经营的脆弱性和提高资源要素的配置效率，带动小农户与现代农林业发展有机衔接。

四、完善互惠共赢机制，稳定家庭林场与农户利益联结关系

因地制宜、精准施策，不断壮大家庭林场经营规模和提升综合发展能力。通过雇佣劳动力、林产品购销、经营示范与技术推广等准市场化方式，主动拓展与农户发生利益联结的途径和领域，并通过强化契约精神、建立长效机制、创新经营模式等举措进一步稳定利益合作关系，有效发挥联户助农作用；充分发挥市场驱动和政策引导的双重作用，引导产业链各环节经营主体构建"利益共享、风险共担"的利益联结机制，通过加强市场监管和规范市场秩序，引导产业链各经营主体推行契约化管理和规范经营行为，重视广大农户在产业链运行中的基础性地位，通过惠农政策扶持、项目资金倾斜、分配机制优化、联户助农模式创新等方式，保障农户能够切实分享价值链增值收益，提升农户参与家庭林场的积极性与主动性。

五、提升经营管理水平，延伸家庭林场与农户利益联结领域

立足自然禀赋与环境条件，引导与支持家庭林场充分利用特色林果资源，多途径延展产业链、多方向拓宽经营领域、多渠道扩张产品销售，在壮大家庭林场经营规模的同时，通过建立完善综合服务与媒体融合信息平台，从社会化服务、信息共享、技术推广等方面为家庭林场普及现代化经营理念、掌握广域市场行情、引进先进实用技术提供便捷通

道与快速服务，全方位提升家庭林场综合发展水平和管理能力；加强家庭林场主和新型职业农民培训，拓宽培养口径与范围，培养一批集经营管理、技术推广、创新创业能力为一体的现代化林场主和有知识、懂技术、会经营的新型农民，全面提高家庭林场人力资源供给质量和经营管理水平，争取在更广的空间和更多的领域与农户结成更紧密利益联结关系。

林业专业合作社与农户利益联结机制研究报告

2018 集体林权制度改革监测报告

研究概况

一、引言

（一）背景

1. 新型经营主体将迎来快速发展机遇

（1）"三权"分置

"三权"分置是我国深化集体林权制度改革的基本方向，即坚持集体林地所有权、稳定林农承包权和放活林地经营权。改革目的与核心是把将农户的集体林地经营权从所有权和承包权中分离出来，放活经营权，加快林地流转进程，促进林业的适度规模经营。一方面，有利于吸引社会资本的进入和大力培育新型林业经营主体，推动劳动生产要素与资本的有机衔接，优化林地要素配置，解决资金短缺与效率不足的问题，进一步推动我国林业的现代化进程。另一方面，不断增强新型林业经营主体市场地位的同时，提升其市场带动能力，实现平衡发展，解决单家独户难以解决的问题。"三权"分置将让林农成为林地流转、适度规模经营的真正受益者，促进林农与新型林业经营主体共同打造"共享利益、共担风险"的利益联结机制。随着"三权"分置改革的不断深入和扩大，新型经营主体的数量不断增加，林业经营规模不断扩大，急需研究新型经营主体与农户利益联结机制是否长期有效和稳定等问题。新型经营主体不断发展壮大，若没有带动小农户一起共同发展，将出现许多隐形失地农民，产生新的社会风险，这绝不是"三权"分置改革所乐见的政策效果。

（2）农村"三变"

2017年的中央"一号文件"在深化农村集体产权制度改革中提出"三变"，即从实际出发探索发展集体经济的有效途径，鼓励地方开展"资源变股权、资金变股金、农民变股民"的改革。"三变"改革的目的与核心有利于发展多种形式的股份合作，解决农村资源分散、资金分散、规模经营受限的问题，盘活农村集体资源，增强农村集体经济实力。新型林业经营主体作为农村"三变"改革的有效载体，带动能力强，市场竞争优势大。农民以土地经营权、资金、劳动力等生产要素入股合作社或龙头企业等，采取分红、地租、工资、返利、销售等方式获得长期稳定收益，激活农村要素资源，实现家庭分散经营向规模化经营的转变，稳步构建新型经营主体与林农"联产联业、联股联心"的利益联结机制。若农村"三变"改革过程中没有建立起与农户稳定的利益联结机制，则会偏离"三变"改革的初衷。

2. 加强新型经营主体与农户的利益联结机制是乡村振兴的内在要求

（1）林业产业兴旺的要求

为培育壮大农村发展新动能，解决我国城乡发展不平衡，农村发展不充分的问题，党的十九大作出了实施乡村振兴的重大战略决策，我国传统小而散的家庭经营方式迎来了优化转型升级的机遇。产业兴旺是乡村振兴的核心之一，产业兴旺必须实现产业组织振兴。新型林业经营主体作为发展现代新型林业的生力军，是增产增收和提质增效的主要力量，推进林业发展由增产导向转向提质导向。通过带动普通农户规模化和市场化经营，新型林业经营主体充分发挥规模效益。大力培育新型林业经营主体是促进乡村产业兴旺、农民就业增收的有效途径，对建设社会主义新农村具有重要的现实意义。

（2）农村有效治理的要求

乡村振兴是促进农村繁荣和农民增收的重要举措，要始终坚持解决好"三农"问题，推进农村现代化，把农村的有效治理放在重中之重的位置，加强农村基层基础工作，健全自治、法治、德治相结合的乡村治理体系，激发乡村振兴内生动力。新型林业经营主体作为实现农村有效治理的重要载体，将通过深化改革，创新农村治理格局，提升农村治理的有效性。新型林业经营主体尤其是林业专业合作社以社员为主体，吸纳社员参与合作社经营管理，实行一人一票的民主决策机制，合众弱以敌寡强，将大大改变村委会治理农村的单一局面。新型林业经营主体把促进农民增收作为标尺，有效推动林业增效和林业繁荣。

（3）农民生活富裕的要求

推行集体林权制度改革以来，极大地调动了农民的积极性，在一定程度上，解决了温饱问题，但随着林业现代化的推进，一家一户分散经营的模式，农民增收后劲不足，极大地制约了林业的提质增效。新型林业经营主体在林业生产和经营过程中的带动和引领作用，能有效地解决林地流转过程中林农只能获得较少利益的问题，让林农与新型经营主体结成利益共同体，拓宽农民增收渠道。而促进农民增收，提高脱贫致富的能力，是农民生活富裕奔小康的重要途径。

3. 林业专业合作社是林业新型经营主体的主要类型

林业专业合作社、林业专业大户、家庭林场、股份合作社、林业龙头企业、林业联合体是我国当前林业新型主体的主要形式。林业专业合作社作为最主要的服务型主体，是集体林权制度改革后林业社会化服务的重要发展方向，是推进林业适度规模经营的理想方式。林业专业合作社主要是指在集体林地家庭承包经营基础上，同类林产品的生产经营者或服务的提供者，按照自愿联合、民主管理原则组织起来，为合作社成员提供林业生产资料采购、林产品销售、加工、运输、贮藏以及相关技术、信息等一系列服务的互助性经济组织。由于林业经营具有投资大、周期长，林地细碎化程度高的特性，传统的一家一户经营方式难以达到规模经营。林业专业合作社应该将林农组织起来，突破规模小、经营分散的格局，提高林业专业化、组织化程度，打造集约化规模化经营。林业专业合作社可以极大地改善林农在资金、市场和管理方面的缺陷，化解经营和市场风险，增强林业发展活力，但是现实中林业专业合作社有没有与农户建立起有效的利益联结机制？利益联结的强度如何？这些问题亟需加紧进行详细调查研究。

（二）存在的问题

1. 林业专业合作社与农户的利益联结不强

合作社的本质是"合众弱以敌寡强"，但林业专业合作社起步晚，发展缓慢，加之受专业范围限制，无论是直接经济利益还是间接经济利益都与农户的利益联结不强。有的林业专业合作社更是空壳组织，有的早已偏离了办社宗旨，公司化严重，经营管理不规范，对农户的带动作用不明显。

2. 林业专业合作社对农户的利益联结满足不了农户需求

林业专业合作社虽然在分红、地租、雇工、返利、销售产品等方面为农户提供了直接经济利益，在提供技术、信息、仓储、运输、信贷、农机、统一品牌等方面提供服务，使农户获得服务便利，提高了农户的生产经营能力，但相对于农户的实际需求还有一定差距，特别是信贷、权益保障等方面还远不能满足农户需求。同时，合作社无法给农户提供充足的信贷支持，无法保证其在市场经济活动中的合法权益。此外，合作社在返利方面远远达不到农户的预期要求，没有建立合作社规范应有的利益分配机制。

（三）研究目标

1. 林业专业合作社与农户利益联结强度测度

先分别量化林业专业合作社与农户的利益联结丰度、广度、深度、安全性，探讨各维度的表现及差异，最后整体评价林业专业合作社与农户利益联结的强度。

2. 林业合作社与农户利益联结强度的影响因素探讨

交叉分析林业专业合作社与农户利益联结的强度与直接利益（分红、地租、工资、返利、产品销售）和间接利益（信息咨询、技术培训、销售服务、产品运输、产品、储存、产品加工、统一提供生产资料、统一提供销售品牌、统一标准生产管理、机械化服务、维权）共16个变量的关系，探索林业专业合作社与农户利益联结强度的影响因素。

3. 对策建议

根据评价结果和影响林业专业合作社与农户利益联结的因素，提出加强林业专业合作社与农户利益联结强度的对策建议，为基层林业管理部门提供决策依据。

二、林业专业合作社概况

本项研究数据来源于2018年7～8月对陕西省10个监测县的林业专业合作社和社员所展开的问卷调查。调查对象总计37个林业专业合作社，其中陕北6个，关中15个，陕南16个。调查过程中共发放调查问卷190份，有效问卷185份，有效率为97.37%。

（一）行业

2018年，林业专业合作社的经营范围包括造林营林、特色林果、种苗花卉、林下种植、林下养殖、森林旅游或康养、涉林运输或销售等8类经营业务。59%的合作社涉及1类经营业务，27%的合作社涉及2类，8%的合作社涉及3类，3%的合作社涉及4类，仅有3%的合作社涉及5类。由此看出，大多数林业专业合作社的经营业务单一，产业链短，缺乏多元化。

（二）规模

大多数林业专业合作社成员数较少，规模小。样本合作社的成员数4户至260户不等。按梯度划分，成员数在25户以下的林业专业合作社有18个，占样本总量的49%；25~50户有8个，占21%；50~75户有4个，占11%；75~100户有1个，占3%；100户以上有6个，占16%（图5-1）。

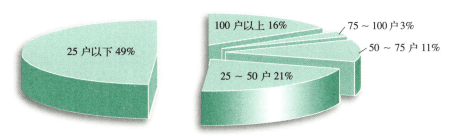

图5-1　林业专业合作社的规模情况

（三）资产

截至2017年年底，资产在250万元以下有19个合作社，250万~500万元有8个，500万~1000万元有6个，1000万元以上有4个（图5-2）。37个林业专业合作社共有资产21501.4万元，其中，固定资产12762.25万元，占59%；流动资产7257.65万元，占34%；其他资产1481.5万元，占7%。大多数合作社的共有资产较少，资金不足，这是因为林业产业的特点是以森林为生产基础，生产周期长，这决定着合作社固定资产占比大，这将导致合作社的盈利回收周期长，从而制约其发展。

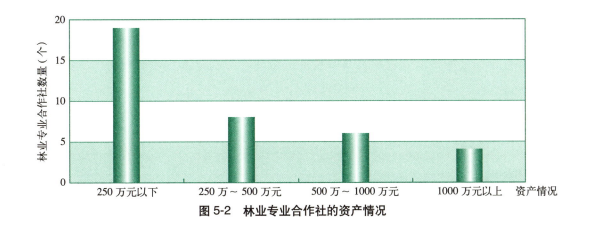

图5-2　林业专业合作社的资产情况

（四）创办

整体样本之中，由农户自发组织创办的合作社占样本总量的70%，政府创办的占14%，大户领办的占11%，龙头企业领办的占5%，而行业协会领办的几乎没有。可以看到林业专业合作社由企业、协会、大户领办以及政府创办的情况较少，其形成多依赖于农户自发创办。由农户自发组织创办的合作社与社员关系较近,易获得社员信任,但大部分可得性资源较少,发展较慢。

(五)成立年限

成立年限(成立之初至2018年)来计量,未满1年的以0年计。合作社成立最长年限为15年,占样本总量的3%。最短年限则不足1年,占5%,平均年限为4年(图5-3)。多数林业专业合作社成立年限不长,发展阶段还处于组织初期,各种制度条款尚未完全建立,需要加以指导。

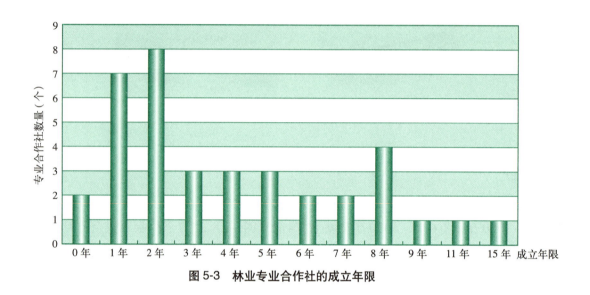

图5-3 林业专业合作社的成立年限

(六)成员

将合作社成员数除以合作社所在地农户数后得到的参与率作为成员情况的衡量指标。从图5-4来看,参与率10%以下的样本合作社有18个,参与率超过50%的合作社仅有1个。大部分合作社所处地的农户参与率较低,带动农户的范围比较有限。

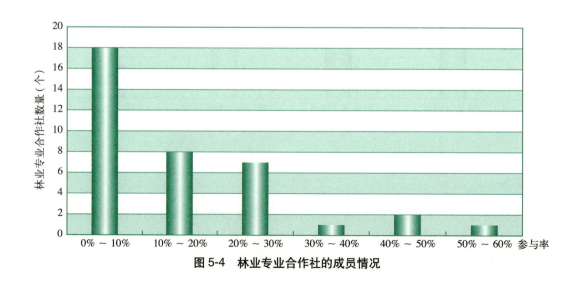

图5-4 林业专业合作社的成员情况

(七)政策支持

2018年无政策支持的林业专业合作社为28个,有政策支持的为9个(图5-5)。其中,获得贴息贷款1个,精准扶贫1个,政府专项补贴2个,林下经济补贴4个。仅少数的合作社享受了政策支持,大多数没有得到政策扶持。调查中,负责人反映申请手续的复杂性是导致合作社没有得到政府扶持的原因之一。

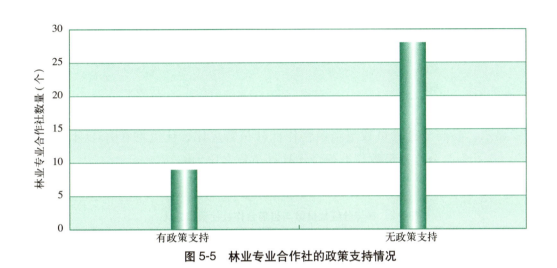

图 5-5　林业专业合作社的政策支持情况

利益分析与评价

一、直接经济利益

(一)评价指标

本研究从合作社功能业务的实现程度、满意程度、需求程度三个维度来综合评价合作社在直接经济利益方面的发展水平。林业专业合作社功能业务的实现程度代表合作社某一功能的实际表现程度;农户对合作社功能的满意度是合作社已经提供的服务与农户对该功能期望值的主观评判;农户对合作社功能需求度是指农户对合作社各项功能期望达到的程度,通过打分与最高分数相比较得出。将其划分为五个等级:不满意、不太满意、无所谓、比较满意、非常满意,分别赋值1分、2分、3分、4分、5分。

(二)合作社对农户需求的实现程度

合作社对农户直接经济利益需求的实现程度的总体水平为0.65,实现程度较好(表5-1)。合作社对农户直接经济利益需求的实现程度最好的是工资,得分为0.73。合作社对农户直接经济利益需求的实现程度次好的是地租,得分为0.72。合作社对农户直接经济利益需求的实现程度最差的是返利,得分为0.53,有待改善。有没有返利涉及林业合作社办社的性质是检验其是否具有合作社性质的关键指标,表明许多林业专业合作社没有给农户进行返利，合作社公司化现象比较严重，合作社已经偏离了办社的宗旨，需要进一步规范提高。除此之外，有很多社员与合作社不存在租赁、劳资、返利、销售等关系，这说明目前合作社与农户的利益联结还很松散，没有将大部分社员带动起来，没有真正发挥合作社的凝聚、带头作用。

表 5-1 合作社对农户需求的实现程度

一级指标	合作社实现程度
分红	0.63
地租	0.72
工资	0.73
返利	0.53
销售	0.66

表5-2显示：参与分红社员数与当前合作社社员数之比，比值均在0.5以下，并且有48.64%的合作社参与分红社员数与当前合作社社员数之比为0。

表 5-2 参与分红社员数与当前合作社社员数之比

参与分红社员数与当前合作社社员数之比	频数	比例（%）
0	18	48.64
0.1	8	21.62
0.2	5	13.51
0.3	5	13.51
0.5	1	2.70

表5-3显示：存在租赁关系社员数与当前合作社社员数之比，比值均在0.5以下，并且有51.35%的合作社存在租赁关系社员数与当前合作社社员数之比为0。

表 5-3 存在租赁关系社员数与当前合作社社员数之比

存在租赁关系社员数与当前合作社社员数之比	频数	比例（%）
0	19	51.35
0.1	11	29.73
0.2	2	5.41
0.3	3	8.11
0.4	1	2.70
0.5	1	2.70

合作社存在租赁关系社员数与当前合作社社员数之比存在两极分化趋势，18家合作社社员与合作社存在租赁关系，而19家合作社社员与合作社之间不存在租赁关系。

表5-4显示：存在劳资关系社员数与当前合作社社员数之比，比值均在0.4以下，并且有48.65%的合作社存在劳资关系社员数与当前合作社社员数之比为0。

表5-4 存在劳资关系社员数与当前合作社社员数之比

存在劳资关系社员数与当前合作社社员数之比	频数	比例（%）
0	18	48.65
0.1	13	35.14
0.2	3	8.11
0.3	1	2.70
0.4	2	5.41

表5-5显示：给予返利的社员数与当前合作社社员数之比，比值均在0.4以下，并且有78.38%的合作社给予返利的社员数与当前合作社社员数之比为0。

表5-5 给予返利的社员数与当前合作社社员数之比

给予返利的社员数与当前合作社社员数之比	频数	比例（%）
0	29	78.38
0.1	3	8.11
0.2	2	5.41
0.3	2	5.41
0.4	1	2.70

表5-6表明：提供销售的社员数与当前合作社社员数之比，比值均在0.5以下，并且有72.97%的合作社提供销售的社员数与当前合作社社员数之比为0。

表5-6 提供销售的社员数与当前合作社社员数之比

提供销售的社员数与当前合作社社员数之比	频数	比例（%）
0	27	72.97
0.1	4	10.81
0.2	2	5.41
0.3	2	5.41
0.4	1	2.70
0.5	1	2.70

（三）农户对合作社功能的满意度

农户对合作社直接经济利益满意度的总体水平为0.69，表现为比较满意。农户对合作社直接经济利益最满意的是工资，得分为0.75。农户对合作社直接经济利益次满意的是分红，得分为0.74。农户对合作社直接经济利益最不满意的是返利，得分为0.54，原因在于林业合作社在返利方面的实现程度很低（表5-7）。

表 5-7　农户对合作社功能的满意度

一级指标	满意度
分红	0.74
地租	0.73
工资	0.75
返利	0.54
销售	0.67

（四）农户对合作社功能的需求程度

农户对合作社直接经济利益需求的总体水平为0.75，表现为比较需要（表5-8）。农户对合作社直接经济利益中需求最强的是分红，得分为0.84。农户对合作社直接经济利益中需求次强的是工资，得分为0.78。农户对合作社直接经济利益五项指标的需求程度得分均在0.67之上，说明当前社员对林业专业合作社的分红、地租、工资、返利、销售均有需求。

表 5-8　农户对合作社功能的需求程度

一级指标	需求程度
分红	0.84
地租	0.73
工资	0.78
返利	0.67
销售	0.75

（五）综合比较分析

从多维度审视和评价合作社发展现状，将合作社功能实现程度、满意程度、需求程度这三个维度上的评价得分两两作差，从两维度的差值分析，从而进一步发现合作社各功能关联（图5-6）。

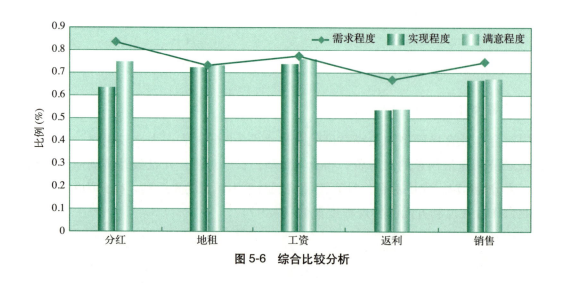

图 5-6　综合比较分析

1. 农户需求度与合作社实现程度

合作社功能的实现程度与农户需求度的整体差值为0.09，合作社功能实现程度均低于农户需求度，分红、返利、销售的差值均较大，分别为0.21、0.14、0.09，这说明合作社在这些方面的实现程度均不能满足农户需求。

2. 合作社实现程度与农户满意度

合作社功能的实现程度与农户满意度的整体差值为0.03，合作社功能的实现程度和农户满意度基本贴合，说明农户在地租、工资、返利、销售方面的满意度基本切合实现程度，农户对于大多数功能的实现程度都比较满意。在分红方面农户满意度超出实现程度0.11，说明林业专业合作社虽然分红的实现程度较低，但农户相对比较满意，显示农户对分红这一功能的满意度比较敏感，分红的实现程度对提高满意度的边际效果比较明显。

3. 农户满意度与需求度

农户满意度与农户需求度的整体差值为0.06，农户满意度均低于其对合作社功能的需求度，这说明目前合作社所提供的服务均不能满足农户的生产需要。其中，返利、分红、销售的差值较大，分别为0.13、0.10、0.08，说明农户满意度与需求度的差距主要是由于合作社实现程度未满足农户需求造成的。

二、间接利益

从合作社功能业务的实现程度、满意程度、需求程度三个维度来综合评价合作社在间接利益方面的功能发展水平。农户对功能的实现程度、需求程度和满意程度通过打分后与最高分数相比较得出。

农户对合作社功能需求度是指农户对合作社各项功能期望达到的程度。将其分为五个等级：不需要、较少需要、一般需要、需要、非常需要，这五个等级分别赋值1分、2分、3分、4分、5分。例如：在调研过程中农户对某一功能的需求度选择1分，则表示他目前不需要合作社提供这项功能；选择2分，则表示他在林业生产活动中较少需要这项业务；以此类推。

农户对合作社功能的满意度是农户比较自己实际接受的某项合作社已经提供的服务与农户对该功能期望值的主观评判。同样将其分为五个等级：不满意、不太满意、无所谓、比较满意、非常满意，分别赋值1分、2分、3分、4分、5分。

农户对合作社功能的实现程度评价是农户对合作社提供的功能服务在实际林业生产生活中实现程度的主观评判。依旧将其划分为五个等级并从低到高赋值1分、2分、3分、4分、5分。

（一）林业专业合作社功能指标

从间接经济利益角度出发，依据合作社为农户提供服务的不同内容，将其主要功能划分为七大功能模块，以此定义为一级指标，再据此设定具体的二级功能指标，如表5-9所示。

表 5-9　林业专业合作社功能指标

一级指标	二级指标
信息技术服务	提供信息咨询服务
	提供技术培训服务
产品销售服务	提供产品销售服务
产品储运服务	提供产品运输服务
	提供产品储存服务
产品加工	提供产品加工服务
标准化服务	统一提供生产资料服务
	统一提供销售品牌
	提供标准化生产管理
机械化服务	提供机械化服务
维权服务	维护社员权益

（二）农户对合作社功能的需求程度

本章用农户对合作社功能需求的打分数与满分的比值来表示需求程度，用（5-1）式表示为：

$$R_i = \left(\sum_{j=1}^{n} \frac{r_j}{5} \right) / n \tag{5-1}$$

式中：$i=1$，2，3，…，n 表示第 i 个合作社功能；r_j 表示第 j 个农户对合作社功能的打分数；n 表示参与打分的农户总人数。

农户对合作社需求的总体水平为0.52，表现为比较需要。农户对合作社各个功能需求度（表5-10）最强的信息技术服务，得分为0.78，其中技术培训服务的需求度略高于信息咨询服务，因为在目前的林业生产活动中新技术的推广与落实更为重要。其次是产品销售服务，得分为0.74，对于许多农户来说，产品积压缺乏销售渠道是亟待解决的问题。再次是标准化服务，得分为0.55，合作社统一为农户提供生产资料和制定统一销售品牌，有利于带动地区林业经济共同发展，这是农户所希望实现的。最后是产品储运服务、机械化服务、维权服务和产品加工服务。由于农户生产的产品大多为初级产品，直接销售给就近消费者，所以在产品储运、加工这部分需求较弱。

表 5-10　农户对合作社功能的需求程度

一级指标	二级指标	需求程度
信息技术服务	提供信息咨询服务	0.7736
	提供技术培训服务	0.7774
产品销售服务	提供产品销售服务	0.7396
产品储运服务	提供产品运输服务	0.5585
	提供产品储存服务	0.3887
产品加工	提供产品加工服务	0.2113
标准化服务	统一提供生产资料服务	0.6528
	统一提供销售品牌	0.5208
	提供标准化生产管理	0.4792

(续)

一级指标	二级指标	需求程度
机械化服务	提供机械化服务	0.2943
维权服务	维护社员间权益	0.2943

（三）农户对合作社功能的满意程度

本文用农户对合作社功能满意的打分数与满分的比值来表示满意程度，利用（5-2）式计算：

$$S_i = \left(\sum_{j=1}^{n} \frac{A_j}{5} \right) / n \tag{5-2}$$

式中：$i=1$，2，3，$\cdots$，n 表示第 i 个合作社功能；A_j 表示第 j 个农户对合作社功能满意度的打分数；n 表示参与打分的农户总人数。

从整体来看，农户对合作社功能总的评价值为0.43，表现为不满意。可以从表5-11看出，农户除了对合作社提供信息技术服务和产品销售服务比较满意外，对其余功能均不满意。特别是产品加工服务的满意度仅为0.2075，说明很多合作社基本没有提供这项服务，或者说提供了也形同虚设。信息技术服务和产品销售服务的得分分别为0.717、0.5698，合作社提供的关于市场信息咨询、林业技术培训等服务基本满足农户的生产活动需求，使农户较为满意。产品储运服务、标准化服务得分分别为0.4038、0.376，表示合作社有统一提供生产资料、销售品牌、生产管理和产品初加工等服务，农户可以感受到这些服务带来的益处，但是还需要合作社进一步加强服务，达到农户的满意标准。

表 5-11 农户对合作社功能的满意程度

一级指标	二级指标	满意程度
信息技术服务	提供信息咨询服务	0.7208
	提供技术培训服务	0.7132
产品销售服务	提供产品销售服务	0.5698
产品储运服务	提供产品运输服务	0.4491
	提供产品储存服务	0.3585
产品加工	提供产品加工服务	0.2075
标准化服务	统一提供生产资料服务	0.4226
	统一提供销售品牌	0.3358
	提供标准化生产管理	0.3698
机械化服务	提供机械化服务	0.2679
维权服务	维护社员权益	0.2943

（四）合作社功能的实现程度

用农户对合作社功能实际实现的打分数与满分的比值来表示实现程度，用公式（5-3）表示为：

$$P_i = \left(\sum_{j=1}^{n} \frac{B_j}{5} \right) / n \tag{5-3}$$

式中：$i=1$，2，3，…，n表示第i个合作社功能；B_j表示第j个农户对合作社功实现程度的打分数；n表示参与打分的农户总人数。

从表5-12可以看出，信息技术服务和产品销售服务功能的得分为0.6623、0.5321，实现程度较好，是发展良好的功能，这也和前面结论一致。而产品加工、标准化、机械化服务和维权服务这些功能得分分别为0.1962、0.2566、0.2755、0.2792，处于发展的初级阶段，实现程度还比较低，难以发挥作用，需要合作社加大投入力度，使这些服务功能真正惠及农户，提高农户生产水平，增加农户收入。

表5-12 合作社功能的实现程度

一级指标	二级指标	实现程度
信息技术服务	提供信息咨询服务	0.6491
	提供技术培训服务	0.6755
产品销售服务	提供产品销售服务	0.5321
产品储运服务	提供产品运输服务	0.4075
	提供产品储存服务	0.3698
产品加工	提供产品加工服务	0.1962
标准化服务	统一提供生产资料服务	0.2830
	统一提供销售品牌	0.2415
	提供标准化生产管理	0.2453
机械化服务	提供机械化服务	0.2755
维权服务	维护社员间权益	0.2792

（五）综合比较分析

从多维度审视和评价合作社发展现状，将合作社功能实现程度、农户满意度、农户需求度这三个维度上的评价得分两两作差，从两维度的差值分析，从而进一步发现合作社各功能关联。见图5-7。

1. 合作社功能的实现程度与农户需求度

总体来看，合作社功能的实现程度与需求度的差距为0.14，这说明农户对于合作社各个功能需求程度与合作社实际实现程度有一定差别，但是相差不大。其中，差距较大的是统一提供生产资料服务、统一提供销售品牌、提供标准化生产管理三个功能，差值分别为0.37、0.28、0.23，这三个功能目前合作社所实现程度还不能达到农户的需求。提供产品存储、产品加工、维权等功能已基本能符合农户的需求。

2. 合作社功能的实现程度与农户满意度

从图5-7中可以看出，合作社功能的实现程度与农户满意度基本贴合，农户对于大多数功能的实现程度都比较满意，除了统一提供生产资料服务、统一提供销售品牌、提供标准化生产这三个功能与农户满意需求差距较大，其得分差值分别为0.14、0.09、0.12，合作社需要在这三个方面进行改善，使合作社运行更加正规化，把每一项服务落到实处，以此提高农户的满意度。

3. 农户需求度与满意度

合作社功能的需求与农户满意度的整体差值为0.09，农户满意度均低于其对合作社

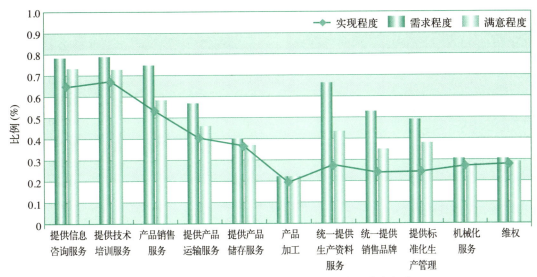

图 5-7　合作社功能实现程度、需求程度和满意程度

功能的需求度，这说明目前合作社所提供的服务均不能满足农户的生产需要。其中，统一提供生产资料服务、统一提供销售品牌、产品销售服务等功能差值较大，分别为0.23、0.18、0.17，这是合作社实现程度与农户需求程度的差距造成的。

通过对合作社功能需求程度、满意程度和实现程度三个方面对比分析，发现合作社在为农户提供间接经济服务方面有所欠缺，统一提供销售、生产资料和品牌等功能远不能满足农户需求，还有较大发展空间。

三、利益联结评价

林业专业合作社与农户利益联结分为直接利益和间接利益两大模块，根据调研所获取的信息，利益联结的具体内容共包括16项，因此将16个子项作为衡量合作社与农户利益联结程度的指标体系。本文运用Delphi法确定各利益联结指标的权重，首先由六位专家对指标重要程度进行三轮打分，意见趋于一致的情况下计算各指标的均分，最后通过归一化处理得到各指标权重，见表5-13。

表 5-13　合作社与农户利益联结指标体系及权重

模块	指标体系	权重
直接利益		0.1042
	分红	0.0549
		0.0549
	地租	0.0549
		0.0568
	工资（劳务）	0.0568
	返利	0.0928
	产品销售	0.1023

(续)

模块	指标体系	权重
间接利益	信息咨询	0.0777
	技术培训	0.0473
	销售服务	0.0852
	产品运输	0.0530
	产品储存	0.0417
	产品加工	0.0170
	统一提供生产资料	0.0644
	统一提供销售品牌	0.0701
	统一标准生产管理	0.0379
	机械化服务	0.0644
	维权	0.0303

（一）林业专业合作社与农户利益联结的丰度

用当前合作社与农户利益联结的项数与可以实现的利益联结总项数的比率表示其丰度，公式为（5-4）。

$$F_i = X_i / 16 \qquad (5-4)$$

式中：$i=1，2，3，\cdots，n$ 表示第 i 个合作社；X_i 表示第 i 个合作社与农户建立利益联结的项数。

由于样本容量较小，丰度值在0.2~0.3之间的合作社不存在；受成立时间的影响，其中一个样本合作社还未与农户建立利益联结。如图5-8所示，利益联结丰度值在0.5~0.6之间的合作社最多，频数为11，大于0.9的仅1个，多数合作社与农户利益联项为8~10项，极少数合作社能够与农户建立广泛联结。经分析得出调查样本中利益联结丰度小于0.5的合作社接近样本总数的30%，即这部分合作社与农户的利益联结项还不足一半。约60%的合作社与农户间的利益联结丰度处于0.5~0.8之间，而丰度超过0.8的合作社仅占10%左右，90%的合作社未能与农户建立比较全面的利益联结。整体来看，合作社与农户利益联

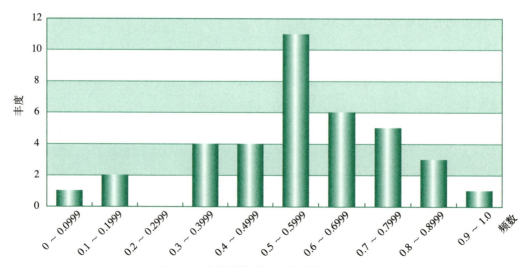

图5-8 合作社与农户利益联结丰度分布

结的多样化处于中低水平。

（二）林业专业合作社与农户利益联结的广度

合作社与农户利益联结的广度用各利益联结项的农户覆盖率的加权平均表示，公式为（5-5）。

$$G_i = \sum_{z=1}^{m} \frac{K_{iz}}{H_i} Q_z \tag{5-5}$$

式中：$z=1$，2，3，$\cdots$，m表示每个合作社的第z个指标；K_{iz}表示第i个合作社第z个指标覆盖的农户数；H_i表示第i个合作社所能辐射到的农户数；Q_z表示第z个指标的权重。

根据图5-9，除5家合作社的广度小于0.01外，合作社数量随着利益联结广度的增大整体呈下降趋势。由于受成立时间、合作社所在村落的大小、合作社自身的实力等多种因素影响，已经与农户建立利益联结的合作社中最小利益联结广度为0.0046；60%以上的合作社利益联结广度低于0.1，其中利益联结广度在0.01～0.1之间的合作社约占48%，仅有1家合作社利益联结广度超过0.5。这则表明目前只有少数农户与合作社建立了利益关

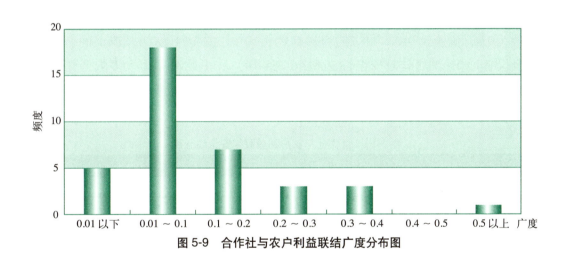

图5-9　合作社与农户利益联结广度分布图

系，大部分林业专业合作社存在农户覆盖率偏低、带动的农户数较少等问题。

（三）林业专业合作社与农户利益联结的深度

深度表示合作社满足农户需求的程度，用合作社的实现度比农户的需求度来说明。其公式为：

$$S_i = \sum_{z=1}^{m} \frac{C_{iz}}{D_{iz}} Q_z \tag{5-6}$$

式中：C_{iz}表示第i个合作社关于第z个指标的实现度；D_{iz}表示第i个合作社农户对第z个指标内容的需求度。

由图5-10分析，大部分合作社与农户利益联结的深度分布在0.4～0.8之间,深度值低于0.2的合作社数超过10%，利益联结深度低于平均水平0.55的合作社约占43%，可见多半合作社能够满足农户大部分的需求；同时发现能够实现农户90%以上需求的合作社仅有

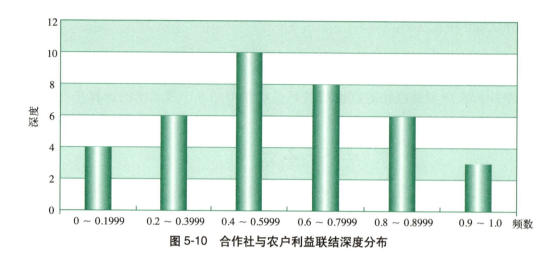

图 5-10　合作社与农户利益联结深度分布

8%，因此能够较高程度满足农户需求的合作社较少。尽管目前多数合作社与农户利益联结的深度居于中上水平，但仍需进一步提高。

（四）林业专业合作社与农户利益联结的安全性

利益联结安全性是相对于违约而言的，即合作社对社员的履约程度。据统计，最低安全性为0.4，安全性为0.6和0.7的合作社约占19%，安全性为0.8及以上的合作社超过78%，但仅有13.5%的合作社安全性达到1（表5-14）。由此可见，大多数合作社的安全性较高，但仍存在违约情况，说明履约能力尚有不足，还需提升自身实力，与农户建立更加可靠的利益联结关系。

表 5-14　合作社与农户利益联结安全性分布

安全性	0.4	0.6	0.7	0.8	0.9	1
频 数	1	4	3	14	10	5

（五）林业专业合作社与农户利益联结的强度

强度是衡量合作社与农户利益联结程度的综合性指标，通过丰度、广度、深度及安全性四个指标的加权平均得到。同样运用Delphi法确定各指标的权重，如表5-15。

表 5-15　强度指标体系权重

指标体系	权重
丰度	0.25
广度	0.15
深度	0.40
安全性	0.20

强度计算公式为：

$$Y_i = F_i Q_f + G_i Q_g + S_i Q_s + E_i Q_e \tag{5-7}$$

式中：Q_f为丰度的权重；Q_g为广度的权重；Q_s为深度的权重；Q_e为安全性的权重。

据图5-11分析可知，利益联结强度分布在0.5~0.7之间的合作社数超过1/2，分布于0.5~0.6之间的合作社占比最高，代表大多数林业合作社与农户利益联结处于中等水平；

低于0.2的合作社约占5.41%，高于0.8的合作社仅有2.7%，低强度的合作社数量远远多于高强度合作社数。经计算，合作社与农户利益联结的平均强度水平为0.5356，同时，样本中最小值为0.12，最大值为0.83，没有强度值达到0.9的合作社。

总之，合作社与农户利益联结强度整体偏低、紧密度不足，这说明林业专业合作社的发展目前处于初、中级阶段，多数合作社还未能与农户建立良好共赢的利益关系。

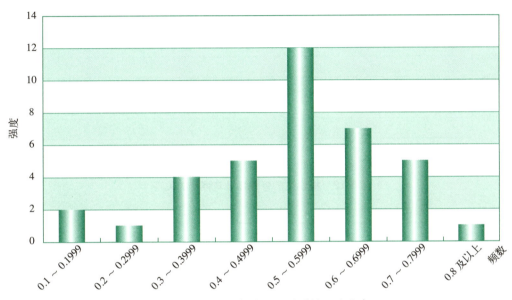

图 5-11　合作社与农户利益联结强度分布

四、相关性分析

研究合作社与社员间的利益联结关系，通常是通过研究合作社与社员间的利益联结模式来分析不同利益联结模式的特征、优势、差异的。本章的研究从利益联结丰度、广度、深度及安全性等四方面来测度林业专业合作社与农户利益联结强度的大小。为了具体研究影响林业专业合作社与农户利益联结强度的合作社因素，本章的研究将立足利益联结的直接利益和间接利益两个维度实证分析林业专业合作社与农户利益联结强度的关系。

（一）数据来源及整理

本章以2018年7～8月调研的37个陕西合作社样本为基础，具体分析林业专业合作社与农户利益联结的强度与涉及农户的直接利益（分红、地租、工资、返利、产品销售）和间接利益（信息咨询、技术培训、销售服务、产品运输、产品储存、产品加工、统一提供生产资料、统一提供销售品牌、统一标准生产管理、机械化服务、维权）的16个变量的关系。

（二）林业专业合作社与农户利益联结强度相关分析

通过散点图来分析各个合作社社员的直接利益（分红、地租、工资、返利、产品销售）和间接利益（信息咨询、技术培训、销售服务、产品运输、产品、储存、产品加工、统一提供生产资料、统一提供销售品牌、统一标准生产管理、机械化服务、维权）与强度之间的相关关系，并作出图5-12～图5-16。

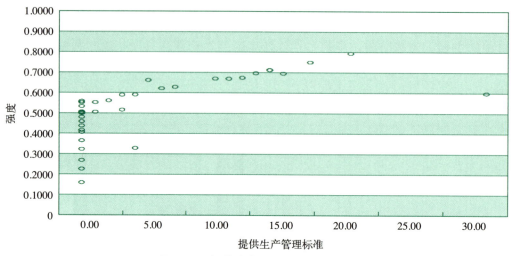

图 5-12　提供生产管理标准与强度的关系

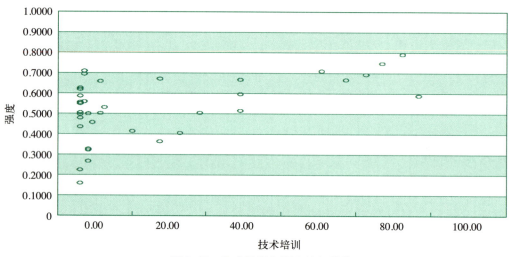

图 5-13　技术培训与强度的相关关系

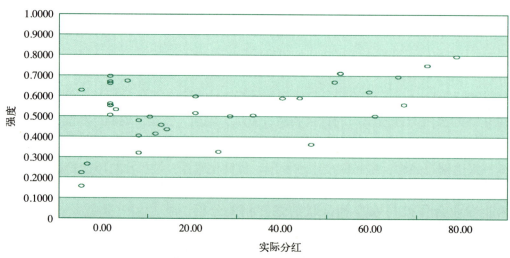

图 5-14　实际分红与强度的相关关系

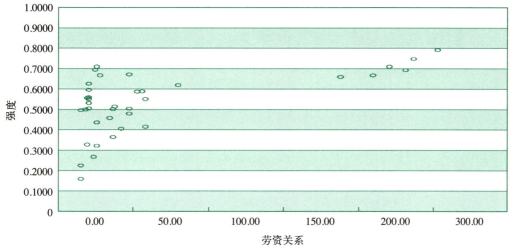

图 5-15　劳资关系与强度的相关关系

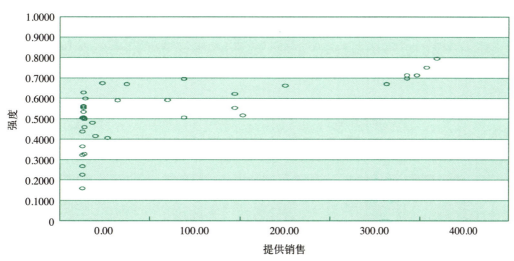

图 5-16　提供销售与强度的相关关系

由图5-14～图5-16可以看出分红的合作社员数、具有劳资关系的社员数、接受销售服务社员数、接受技术培训服务社员数、接受统一生产管理标准服务社员数与农户利益联结强度之间存在明显的线性关系。说明在一定程度上合作社分红、雇工、销售产品、技术培训、统一生产管理标准的社员越多，合作社与农户利益联结的强度越大。合作社分红、雇工关系、帮助销售都是与合作社社员的直接利益有关的，合作社带给社员经济上的获益，使得他们与合作社的利益联结关系更紧密；合作社提供培训、提供生产管理标准是合作社帮助社员提升知识、技能等水平，因此表现出较强的利益联结关系。

1. 实证分析

运用SPSS软件，将分红的合作社员数、具有劳资关系的社员数、提供销售社员数、提供技术培训社员数、提供统一生产管理标准社员数分别与农户利益联结强度进行双变量相关检验得到如下结果如表5-16所示。

表 5-16 双变量相关检验结果

	指标	强度	分红的社员数
强度	Pearson 相关性	1	0.480**
	显著性（双侧）		0.003
	N	37	37
分红的社员数	Pearson 相关性	0.480**	1
	显著性（双侧）	0.003	
	N	37	37
	指标	强度	具有劳资关系的社员数
强度	Pearson 相关性	1	0.581**
	显著性（双侧）		0.000
	N	37	37
具有劳资关系的社员数	Pearson 相关性	0.581**	1
	显著性（双侧）	0.000	
	N	37	37
	指标	强度	提供销售的社员数
强度	Pearson 相关性	1	0.670**
	显著性（双侧）		0.000
	N	37	37
提供销售的社员数	Pearson 相关性	0.670**	1
	显著性（双侧）	0.000	
	N	37	37
	指标	强度	提供技术培训的社员数
强度	Pearson 相关性	1	0.505**
	显著性（双侧）		0.001
	N	37	37
提供技术培训的社员数	Pearson 相关性	0.505**	1
	显著性（双侧）	0.001	
	N	37	37
	指标	强度	提供生产管理标准的社员数
强度	Pearson 相关性	1	0.673**
	显著性（双侧）		0.000
	N	37	37
提供生产管理标准的社员数	Pearson 相关性	0.673**	1
	显著性（双侧）	0.000	
	N	37	37

注：** 在 0.01 水平（双侧）上显著相关。

由双变量相关检验得到的检验结果可以看出在0.01的置信水平上，分红的合作社员数、具有劳资关系的社员数、提供销售社员数、提供技术培训社员数和提供统一生产管理标准社员数都与农户利益联结强度具有较强的线性相关关系，且相关性系数最高的为提供生产管理标准的社员数与农户利益联结强度之间的关系。

2. 结果分析

（1）在直接利益中，分红的合作社员数、具有劳资关系的社员数和提供销售社员数与农户利益联结强度具有较强正相关关系。首先，在合作社中具有利润分红的社员越多，与农户的利益联结强度就越大，说明合作社入股农户越多，合作给农户带来的收益越多，那么利益联结关系就会越强；其次，具有劳资关系的社员数也与农户利益联结强度存在正向相关关系，说明合作社雇佣的社员越多，社员与合作社的利益关系越紧密。再次，合作社帮助销售社员数越多，与农户的利益联结强度就越大。可能合作社帮助销售可以在一定程度上解决社员的销售难问题，因此社员与合作社的利益联结强度比较大。

（2）在间接利益中，提供技术培训社员数和提供统一生产管理标准社员数与农户利益联结强度具有正相关关系。提供的技术培训的社员数越多，与农户利益联结关系就越强，可能由于合作社为社员提供的培训、社员获得的农业技术越多，因此农业收入获益越多，与合作社的利益联结关系更强；提供统一生产管理标准也与农户利益联结强度呈现高度相关关系，说明合作社作为经营机构为社员提供管理标准提高了社员的生产水平，增加了农户的收入，与合作社的关系更加紧密，导致利益联结强度越大。

结论与建议

一、主要结论

（一）林业专业合作社起步晚，社员参社率低

目前大多数林业专业合作社的经营业务单一，主要产出初级产品，产业链短，缺乏多元化。成员数较少，规模小。由于很多合作社成立年限不长，刚刚起步，处于发展的幼稚期，共有资产较少，资金不足，可得性资源也较少，难以实施规模化、产业化发展，发展进程极为缓慢。这就导致合作社对农户缺乏投资吸引力，农户参与率较低，合作社带动农户的范围比较有限。另外，关于合作社的政策法规还没有在各地贯彻落实，大多数合作社都没有得到政策的支持，这使得合作社的发展更加困难。

（二）返利实现程度最低，分红满意度较高，相对农户需求差距较大

农户对合作社直接经济利益需求的实现程度较好，工资实现程度最好，地租实现程度次好，返利实现程度最差。农户对合作社直接经济利益满意度的总体水平表现为比较满意，最满意的是工资，其次是分红，最不满意的是返利。农户对合作社直接经济利益需求的总体水平表现为比较需要，最需要的是分红。合作社实现程度相对于农户需求度，分红、返利、销售的差距均较大。合作社功能的实现程度和农户满意度基本贴合，分红方面农户满意度超出实现程度最多，分红的实现程度对提高满意度的边际效果比较明显。农户满意度均低于其对合作社功能的需求度，返利、分红、销售的差值较大。

(三) 统一代购、统一品牌、统一销售与农户需求差距较大

农户对合作社间接经济利益需求的总体水平表现为比较需要，农户对信息技术服务需求最强，其次是产品销售服务，再次是标准化服务。

农户对合作社功能总体评价不满意，除了对合作社提供信息技术服务和产品销售服务比较满意外，对其余功能均不满意，特别是产品加工服务为最不满意。林业专业合作社提供信息技术和统一销售服务功能的实现程度较好，产品加工最差。

实现程度与农户需求度差距较大的是统一提供生产资料服务、统一提供销售品牌、提供标准化生产管理三个功能。

(四) 合作社与农户利益联结强度整体偏低、紧密度不足

农户利益联结的多样化处于中低水平，多数合作社与农户利益联项为8～10项。大部分林业专业合作社的农户覆盖率偏低，覆盖率在0.01～0.1之间的合作社占48.6%，带动的农户数较少。合作社和农户履行合约安全性较好。利益联结强度居于中等水平。

(五) 利益联结强度的影响因素

分红的合作社员数、具有劳资关系的社员数、接受销售服务社员数、接受技术培训服务社员数、接受统一生产管理标准服务社员数与农户利益联结强度之间存在明显的线性关系，说明在一定程度上合作社分红、雇工、销售产品、技术培训、统一生产管理标准的社员越多，合作社与农户利益联结的强度越大

二、建议对策

(一) 以林地股份制发展林业专业合作社

林业合作社以资金股为主，以雇佣劳动相结合的形式投入劳动力，按劳分配，按股分红。以股份制和合作制相结合的经营机制进行决策，不采取以人头合作为主的民主决策，这更符合股份合作的特点。所以，未来发展林业专业的股份化，应以股份制林业专业合作社为主。林地入股林业专业合作社相对于林地租赁既解决了土地流转谈判成本高的问题，也化解了新型经营主体先期预付高额地租的资金压力，同时也大大提高了农户参与林业专业合作社的满意度。林业专业合作社应以林地入股形式进行林地流转，实现规模化经营，以林权入股形式实现林农资产收益多样化，以股份制改造林业专业合作社，增加股份制林业专业合作社的比重。

(二) 提高农户参社率

林业专业合作社的本质是"合众弱以敌寡强"，社员是合作社发展的基础，没有社员的合作社是空壳合作社，一是做好宣传合作社的基础工作，通过发放传单、电视广播和讲解等方式，让农民群众了解合作社的组织性质和功能，把合作社的好处讲清说透，可以结合当地林业部门的项目开展合作，既能节省成本，又可以获得较高的群众信任

感；二是合作社要集中自己的资源优势，为社员提供高附加值的服务，为社员提供出色的致富项目，让社员真正跟你发财致富奔小康；三是合作社要利用各种宣传手段把本社的独特优势展现出来，要做出影响做出特色，让老百姓认识你、记住你、了解你，然后才能加入你。总之，合作社要想有人气，必须要做到"有实力，能带动，会宣传"，有实力为社员带来项目和高附加值服务，能带动当地老百姓参与到项目中来，还要会宣传本社的特色与好处，让合作社更有魅力。

（三）规范合作社返利机制

合作社的主旨就是保护社员利益，联合发展，合作共赢，二次返利制度就是这一特点的具体体现。返利机制决定林业合作社性质，没有返利机制的合作社就不具备合作社的基本特征，和公司企业就没有本质差别。有返利机制（哪怕返利很少）就能反映合作社对自己的社员不以盈利为目的的本质。林业专业合作社年终应将合作社盈余不低于60%拿出来按照社员与合作社之间的交易额大小进行返还，保证社员持有80%的合作社股份，坚持办社的四六原则和二八原则，只有通过二次返利，才能把利润真正地还给农民，才能体现合作社是农民自己的组织这一本质。现实中能按照章程规定落实二次返利的合作社并不多，有的根本没有返还，有的返利比例远低于60%，大大影响了农户参社的积极性。林业合作社应加大各项功能业务的实现程度，获得更多盈余利润，保障二次返利的资金能力，规范合作社经营管理。

（四）提高合作社服务规模化水平

林业合作社的发展壮大是通过各个业务功能不断规模化实现的。一是鼓励农户入股，增加分红比例；二是林业合作社应该流转林地进行规模化生产，雇用社员劳动，增加社员工资收入；三是林业合作社应该统一销售产品，提高议价能力，提高社员销售收入；四是统一提供技术、信息、培训，提高农户自身经营能力，减小市场、自然、技术等风险；五是林业合作社应统一生产管理标准，通过提高产品标准化程度和产品竞争力带动小农户参与大市场。林业专业合作社通过重点业务规模化实现规模效益，提高合作社带动农户能力，使林业合作社与农户利益联结强度上新台阶。

2018
集体林权制度改革监测报告

林业
企业与农户利益联结机制研究报告

监测概况

2017年，我国林业产业发展势头依然保持强劲，按现价计算，2017年林业产业总产值已达7.1万亿元，同时产业结构得到进一步优化，林业第一、二、三产业所占比例分别为32.8%、47.6%和19.6%；超过万亿元的林业支柱产业分别是经济林产品种植与采集业、木材加工及木竹制品制造业和以森林旅游为主的林业旅游与休闲服务业，产值分别达到1.4万亿元、1.3万亿元和1.1万亿元[①]。林业企业是林业产业的中坚力量，从企业与农户利益联结机制的视角，探讨林业企业如何促进当地产业和经济发展、促进农户就业增收的示范带头作用。

一、林业企业相关扶持政策梳理

林业投资大、成效慢等特点决定了林业发展除了市场自主资源配置外，政策扶持不可或缺。报告重点关注了近五年来有关林业企业的部分相关扶持新政策和动态，并从林业产业、林业龙头企业、品牌、税收、林权抵押贷款、林权流转六个方面进行梳理。

第一，林业产业方面。2018年5月，国家林业和草原局《关于进一步放活集体林经营权的意见》中指出，要推进产业化发展，改造传统用材林，鼓励探索择伐、渐伐奖励制度；大力发展林下经济等非木质产业和森林旅游休闲康养等绿色新兴产业；加快森林生态标志产品建设工程建设，创建林特产品优势区和林业产业示范园区，推进一、二、三产业融合发展，培育一批林特小品种大产业基地。

第二，林业龙头企业方面。为促进林业产业结构调整和转型升级，增加林农收入，2013年，国家林业局办公室出台了《国家林业重点龙头企业推选和管理工作实施方案（试行）》并启动相应工作。从企业规模、带动辐射能力、产品竞争力、企业盈利能力、信用等级、可持续发展能力、资源综合利用和环境保护水平等方面提出评选标准，就木竹种植与培育类、林下种植（养殖）类、林木种苗和花卉类、木竹（藤）加工类、林产化工类、竹（木）制浆造纸类、野生动植物驯养繁育与加工利用类、森林食品加工类、林业生物产业类、生态旅游经营类、林产品流通和林业服务类等十一类企业给出具体推荐标准。同时，建立国家林业龙头企业动态管理机制，实行年度信息报告制度和每3年一次的运行监测评价制度，建立国家林业龙头企业退出机制。2018年9月，中共中央、国务院印发了《乡村振兴战略规划（2018－2022年）》，在建立现代农业经营体系专题中指出要"不断壮大农林产业化龙头企业，鼓励建立现代企业制度"。

第三，品牌方面。品牌建设是林业企业发展中质量提升的重要组成。2017年12月，国家林业局《关于加强林业品牌建设的指导意见》提出要"加快培育壮大林业龙头企

---

① 数据来源于2018年5月发布的《2017年全国林业发展统计公报》。

业、国有林场、森林旅游地、农民专业合作社等林业品牌创建主体；鼓励企业实施品牌发展规划，指导企业编制品牌培育手册、品牌管理体系自我评价报告等；鼓励林业企业、农民专业合作社等经营主体依法获取知识产权，保护企业自主创新和品牌建设的积极性；完善自主品牌维权与争端解决机制，形成经营主体自我保护、行政保护和司法保护三位一体、相互结合的品牌保护体系"。

第四，林业税收方面。目前，林业税收以增值税和所得税为主。增值税是对销售货物或者提供加工、修理修配劳务以及进口货物的单位和个人就其实现的增值额征收的一个税种。《中华人民共和国增值税暂行条例》及其实施细则明确规定，农业（指种植业、养殖业、林业、牧业、水产业）生产者销售的自产农产品免征增值税。企业所得税方面，根据《中华人民共和国企业所得税法》和《中华人民共和国企业所得税法实施条例》，企业从事水果坚果种植、中药材种植、林木培育和种植、林产品采集及灌溉、农产品初加工、兽医、农技推广、农机作业和维修等农、林、牧、渔服务业项目所得，免征企业所得税；花卉、茶以及其他饮料作物和香料作物的种植则减半征收企业所得税。

第五，林权抵押贷款方面。从2003年《中共中央、国务院关于加快林业发展的决定》开始赋予林权抵押权能，到2013年《中国银监会、国家林业局关于林权抵押贷款的实施意见》进一步规范林权抵押贷款制度，林权抵押贷款得到初步发展。为切实满足营林资金需要，同时降低不良贷款风险，林权抵押贷款政策不断在模式、配套等方面创新。2016年11月，《国务院办公厅关于完善集体林权制度的意见》提出要"适度提高林权抵押率，推广林权抵押+林权收储+森林保险贷款模式和企业申请、部门推荐、银行审批运行机制"，并指出要探索开展林业经营收益权和公益林补偿收益权市场化质押担保贷款。2017年12月，中国银监会、国家林业局和国土资源部联合下发《关于推进林权抵押贷款有关工作的通知》，明确"到2020年，在适合开展林权抵押贷款工作的地区，实现林权抵押贷款业务基本覆盖，金融服务优化，林权融资、评估、流转和收储机制健全"的发展目标，并就各地在实践中形成的一些良好做法的推广、探索开展林业经营收益权和公益林补偿收益市场化质押担保贷款、林权评估、林权流转体系、林权收储机制等重点任务做出详细说明和安排。2018年5月，国家林业和草原局《关于进一步放活集体林经营权的意见》中进一步指出要"探索开展集体林经营收益权和公益林、天然林保护补偿收益权市场化质押担保，不断创新金融产品"。从各省实践来看，浙江省农村信用社联合社、浙江省林业厅联合出台公益林补偿收益权质押贷款管理办法，全省实施，规定贷款额度原则上不超过年度公益林补偿金收入的15倍；四川宜宾隆森油樟基地产业有限公司以500亩油樟林的收益权质押，从银行贷款150万元[①]。林权抵押贷款稳健发展为林业企业拓宽筹资渠道奠定了良好基础。

第六，林权流转方面。随着集体林权制度改革的不断深入，林权流转交易日趋增多。为规范相关交易市场和引导农村产权流转交易市场健康发展，2014年12月国务院办公厅发布了《关于引导农村产权流转交易市场健康发展的意见》，就运行、监管、保障

---

① 解读《关于推进林权抵押贷款有关工作的通知》.http://xxgk.beihai.gov.cn/bhslyj/zcfgzl_85100/zcfg_88751/201802/t20180201_1664234.html，2018-02-01.

措施等提出了具体意见。同时，原国家林业局与原国家工商行政管理总局联合制定了《集体林地承包合同（示范文本）》《集体林权流转合同（示范文本）》。2018年5月，国家林业和草原局《关于进一步放活集体林经营权的意见》对林权流转提出了新的政策建议，如鼓励基层林业主管部门建立林权流转合同鉴证制度；鼓励以转包、出租、入股等方式流转政策所允许流转的林地，科学合理发展林下经济、森林旅游、森林康养等；重点推动宜林荒山荒地荒沙使用权流转；鼓励和支持地方制定林权流转奖补、流转履约保证保险补助、减免林权变更登记费等扶持政策，引导农户有序长期流转经营权并促进其转移就业；建立林权流转市场主体"黑名单"制度。

二、林业企业发展概况

在林业政策的指引和推动下，林业企业发展迅速。目前，全国林业企业数量庞大。以云南省为例，其林业企业总规模有15000多家[①]。另据中国证券监督管理委员会2018年3季度上市公司行业分类结果显示[②]，"农、林、牧、渔业"门类下的"林业"大类有4家；"制造业"门类下"木材加工及木、竹、藤、棕、草制品业"大类有8家、"家具制造业"大类有23家、"造纸及纸制品业"大类有29家。

（一）样本省层面

为促进林业产业结构调整和转型升级，增加林农收入，2013年，国家林业局办公室出台《国家林业重点龙头企业推选和管理工作实施方案（试行）》并启动相应工作。截至2018年年底，已先后推选了3批共418个国家林业重点龙头企业。集体林权制度改革监测的7个样本省共115家入选国家林业重点龙头企业，其中以江西居多，福建和湖南次之（表6-1）。

表6-1 全国及样本省国家林业重点龙头企业情况

区域	第一批（家）	第二批（家）	第三批（家）	合计（家）
全国	128	166	124	418
辽宁	5	3	1	9
福建	9	12	3	24
江西	9	9	9	27
湖南	7	7	10	24
云南	5	5	3	13
陕西	1	5	3	9
甘肃	2	3	4	9
七省合计	38	44	33	115

在国家林业重点龙头企业评选的同时，各省也在积极推进省级龙头企业认定和管理

[①] 截至2014年年底的情况，来源于《2014年云南省林业产业发展统计公报》。
[②] 该分类是按照国家质量监督检验检疫总局和国家标准化管理委员会2017年6月30日发布并于2017年10月1日实施的《国民经济行业分类》国家标准进行。报告将与林有关的行业都纳入林业的范畴。

工作，带动和促进当地林业产业发展。截至2018年12月，云南省已通过13批次共计763家省级龙头企业的认定，但这些企业的地区分布不均（表6-2）。尽管普洱、楚雄、迪庆、大理和西双版纳的森林面积位居前列，但省级龙头企业却主要分布在昆明、大理、红河、保山、玉溪、楚雄等州市，其中，昆明、红河、玉溪、大理在2017年云南省各州市GDP总量前五中占据4位。可见，森林资源的数量尽管对龙头企业的分布有影响，但不是决定性的。经济的发达程度、各地的发展意识对省级龙头企业的分布才具有决定性影响。

表6-2 云南省级龙头企业州（市）分布情况

州（市）	数量（家）	州（市）	数量（家）	州（市）	数量（家）	州（市）	数量（家）
西双版纳	32	德宏	27	丽江	20	曲靖	47
保山	58	迪庆	13	临沧	48	文山	29
楚雄	50	红河	61	怒江	18	玉溪	50
大理	78	昆明	172	普洱	41	昭通	19

（二）样本县层面

集体林权制度改革监测调查结果显示，2017年，70个样本县林业企业共计1892家，平均每个县约拥有27家。这些企业林地经营规模普遍不大，1352家企业的经营林地规模在1000亩以下，占比达到71.46%；规模在10000亩以上的企业有77家，仅占4.07%。林业企业林地规模化经营程度还有待提高。此外，各省的林业企业数量在分布上存在较为严重的两极分化现象，例如，云南省腾冲县的林业企业是70个样本县中最多的，达503家，而云南省内林业企业最少的样本县则为0家，且所有样本省份均不同程度地存在这一情况（表6-3）。此外，从离散系数来看，70个样本县林业企业数量省际间也存在差异，样本县林业企业数量差异排前三位的省份分别是陕西、云南和辽宁，江西则差异最小。

表6-3 样本县林业企业规模统计

所属省份	合计（个）	平均数（个）	最大值（个）	最小值（个）	标准差	离散系数
辽宁	511	51	386	0	121	2.37
福建	197	20	92	0	33	1.65
江西	135	14	38	0	13	0.93
湖南	389	39	167	0	48	1.23
云南	599	60	503	0	156	2.60
陕西	28	3	25	0	9	3.00
甘肃	33	3	14	0	5	1.67
合计	1892	27	503	0	78	2.89

总体而言，我国林业产业不断发展，作为中坚力量的林业企业也得到较快提升，全国林业企业数量庞大。7个样本省国家林业重点龙头企业数量占比近三成，以云南为例，省内省级龙头企业在州市地区分布上存在一定的差异性；70个样本县的林业企业数量规模也存在差异，需要进一步重视林业发展的相对平衡性。

监测结果

为深入探讨林业企业与农户间的利益联结机制问题，2018年集体林权制度改革监测设林业龙头企业问卷进行专题调查，最终得到87家林业企业（其中福建6家、甘肃16家、江西2家、湖南32家、辽宁6家、陕西10家、云南15家；含5家龙头企业）调查数据。

87家林业企业中，国家级龙头企业有5家（其中，江西1家，湖南4家），省级龙头企业39家（以湖南、云南居多，其具体地区分布状况如图6-1所示）。

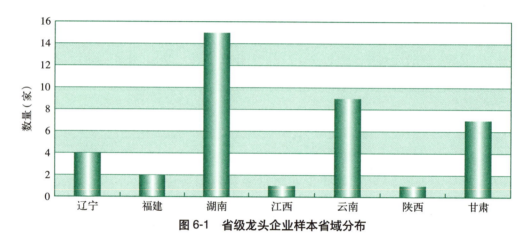

图6-1 省级龙头企业样本省域分布

调查结果显示，48.27%的林业企业为个人独资企业或合伙企业，有限责任公司占40.23%，股份有限公司占9.20%，2.30%的企业为集团公司。企业多以经济林果、林下产品采集加工为主营业务，一、二产业为主（表6-4）。林业收入占企业总收入80%以上的企业占比达51.72%，样本企业具有一定的代表性。

表6-4 样本企业主营业务行业类型分布

主营业务行业类型	企业数（家）	响应百分比（%）	个案百分比（%）
经济林果	46	31.94	52.87
林下产品采集加工	33	22.92	37.93
林（竹）浆纸产业	4	2.78	4.60
林产化工	4	2.78	4.60
竹藤	4	2.78	4.60
野生动物驯养繁殖	6	4.17	6.90
森林生态旅游	11	7.64	12.64
木材加工	13	9.03	14.94
观赏苗木与花卉培育	18	12.50	20.69
其他	5	3.46	5.75
合计	144	100.00	—

注：其他主要指的是营造林。

此外，样本企业在人、财、物等资源方面都存在一定的差异，其中，林地、资本等差异程度明显高于人力资源（表6-5）。

表 6-5　样本企业资源差异状况

企业资源	最小值	最大值	平均值	标准差	离散系数
固定员工（人）	1	550	60.77	98.97	1.63
其中：企业管理人员（人）	1	490	18.51	57.78	3.12
企业技术人员（人）	0	160	11.93	23.67	1.98
注册资金（万元）	5	5000000	120692.47	761995.13	6.31
林地总面积（亩）	0	1600000	39163.30	179290.15	4.58
总资产（万元）	15	500000	12851.66	55382.30	4.31
2017年年末固定资产总值（万元）	15	450000	8660.28	49597.43	5.73

样本企业经营效益也呈现一定的差异性。2017年，28.24%的林业企业处于亏损状态，10.59%的企业盈亏持平，而盈利微薄、较高、丰厚的企业则分别占到29.41%、28.23%和3.53%。从详细年度分类收入数据来看，2017年，用材林、林产品采集加工、竹林是平均收入水平排名前三的类型。综合来看，用材林还是样本企业的主要收益来源。进一步分析可知，林业企业竹林和经济林收入差距相对较高（表6-6）。

表 6-6　2017年样本企业各项经营收入情况

相关指标	用材林	竹林	经济林	林下经济			
				林下种植	林下养殖	林产品采集加工	森林景观利用
最小值（万元）	10	20	6	3	10	80	12
最大值（万元）	10600	6000	8000	1650	300	6320	2000
平均值（万元）	1954.62	1244	1216.79	347	63.75	1443.29	937.33
中位数（万元）	700	70	200	50	25	500	800
离散系数	1.60	2.14	1.79	1.41	1.29	1.56	1.07

一、林业龙头企业与农户的利益联结机制现状分析

林业龙头企业与农户的利益联结机制包括利益创造和利益共享两个方面。利益创造是分配共享的前提和基础，利益分配是联结的核心。在调查中，共有66家林业企业指明其与农户的利益联结方式或联结方式的组合情况。其中，57.58%的企业为合同制，22.73%的企业为合作制，6.07%的企业为股份制，21.21%的企业为其他类型[①]（表6-7）。

表 6-7　利益联结基本方式特征概况

方式	特　征
合同制	林业龙头企业与农户在平等、自愿、互利的原则下签订合同，明确双方权利和义务；更多旨在建立相对稳定的购销关系；农户组织化程度、市场谈判地位低；利益联结松散
合作制	林业龙头企业与农户借助中介组织的力量，确保双方利益；形成"林业龙头企业+中介组织+农户"形式；林业龙头企业充分发挥加工、市场优势，中介组织充分发挥在农户组织方面的优势，提升农户组织化程度、市场谈判地位；劳动合作为主，劳动分红为主；以自我服务为目的；利益联结紧密
股份制	农户以林地、资金等生产要素向林业龙头企业入股，农户变成投资者，与林业龙头企业形成真正的利益共同体，共同经营，自负盈亏，同股同利，按股分红；以实现投资者资本增值为目的；利益联结最紧密

---

① 此处百分比之和为超过100%，原因在于部分林业企业勾选多个选项，此为多选项分析后的个案百分比。

（一）利益创造方面

利益创造是利益联结机制存在的基础。首先，林业企业与农户的利益创造体现在产销环节中。调查结果显示，企业与农户之间的产销联结以单纯的市场化购销和保护服务类契约型为主（表6-8）。53家林业企业存在直接从农户处采购产品的行为，采购产品比重在5%～25%的有20家；26%～50%之间的有11家；51%～75%的有7家；75%以上的有15家。其余林业企业与农户没有产销关系或者不向农户直接采购产品。

表6-8　林业企业与农户之间的产销联结方式

产销联结方式	企业数（家）	响应百分比（%）	个案百分比（%）
单纯的市场化产品购销	36	40.00	41.38
企业提供技术支持，并以保护价收购农户产品	28	31.11	32.18
企业提供技术支持，企业与农户之间采用分成制	5	5.56	5.75
企业不直接面对农户，通过合作社与农户间接联系	4	4.44	4.60
企业不直接面对农户，通过收购中间商与农户间接联系	9	10.00	10.34
其他	8	8.89	9.20
合计	90	100.00	—

生产环节中，林业企业负责向农户提供技术指导、监控产品质量和产品成本，并帮助农户建设基础设施，提高其林业生产硬件条件。调查结果显示，63.22%的企业定期对农户进行技术指导，但指导次数存在较大差异，多的可以达到每年120次，少的仅有1次。技术指导方式除传统的发放资料外，现场示范越来越受到关注和使用。49.43%的企业多以现场监督或收购质量监控方式对农户的生产或产品质量进行监督。21家企业对农户的生产或产品成本进行控制。26家企业帮助农户建设生产性基础设施，如路、桥、灌溉设施、圈舍等。近五年来为此花费金额最高者800万元，最少也有6万元。在此过程中，仅有1家林业企业和农户共同承担建设资金。30家企业为农户提供过资金支持，其中20家企业采用向农户赊垫生产资料款的形式。近五年赊垫生产资料款累计最高1000万元，最低2万元。

（二）利益共享方面

利益共享是利益联结机制的核心。调查结果（图6-2）显示，有28家企业与农户之间不存在利益分配。38家企业为保底收购，6家为股份分红，15家为利润返还。林业企业与农户利益联结机制中的"利益共享"体现不足。

为进一步探讨龙头企业和非龙头企业与农户之间的利益联结机制细节是否存在差异，通过独立性检验研究发现，企业是否属于龙头企业与利益联结方式、产销联结方式、利益创造资源共享（即技术指导、生产或产品成本控制、生产性基础设施建设、资金支持）和利益分配都不存在显著的相互关系，只与生产或产品质量监督有显著关系，说明龙头企业的质量管理在这一方面要优于非龙头企业。同样的方法研究又发现，企业寿命与上述变量也是相互独立的。因此，龙头企业和非龙头企业与农户的利益联结机制从表现特征来看没有显著差别。

图 6-2 林业企业与农户之间的利益分配方式

总之，林业企业与农户之间都已建立起一定程度的利益联结机制。在利益创造中农户向企业提供相关产品，企业则向农户提供技术、管理、资金等资源，收购与生产环节中联结相对紧密，但利益分配上农户与林业企业共享的面与程度都偏低，还未能凸显利益联结机制利益共创、风险共担、利益共享的本质。

二、林业龙头企业与农户的利益联结机制效果评价

（一）对林业龙头企业的影响

利益联结机制搭建了企业与农户之间关联平台。确保利益联结机制取得实效，使企业与农户双方获益是利益联结机制存在和发展的根本。利益联结机制紧密性差异是否对企业一方的存在影响，值得探讨。一般来说，企业与农户利益联结机制分为市场自由交易制、合同制、合作制和股份制四种。这四种利益联结机制紧密性依次增强，股份制紧密性最高。调查结果显示，87家林业企业中除21家与农户无任何利益联结外，其余企业与农户的利益联结机制上述四种类型都涉及。

考虑到测量误差的客观存在，本报告对林业企业与农户利益联结机制紧密性的判断，不局限于林业企业自选的联结方式这一单一的标准上，而是根据2018年集体林权制度改革监测的《林业龙头企业调查问卷》设置的实际情况，尽可能覆盖林业企业与农户产生联结的更多环节，构建了一套林业企业与农户的利益联结机制紧密性的评价指标体系（表6-9）。同时，所有指标都赋值为正指标，即指标取值越大，说明利益联结机制越紧密。

表6-9 林业企业与农户联结机制紧密性评价指标体系

序号	指标名称	具体赋值
1	是否存在季节性临时雇工	否0；是1
2	是否有涉农户林地流转情况	否0；是1
3	企业流入他人林地的途径	无0；政府或集体统一调整转入（租入）或其他1；在集体主持下，与其他村民协商2；与相关村民协商转入（或租入）3
4	是否雇佣流出林地农户在企业打工	否0；是1
5	产销联结情况	无产销联结0；单纯的市场化产品购销1；企业不直接面对农户，通过合作社或收购中间商与农户间接联系2；企业提供技术支持，并以保护价收购农户产品3；企业提供技术支持，企业与农户之间采用分成制4

(续)

序号	指标名称	具体赋值
6	是否对农户进行技术指导	无0；有1
7	是否对农户的生产或产品质量进行监督	无0；有1
8	是否对农户的生产或产品成本进行控制	无0；有1
9	是否帮助农户建设生产性基础设施	无0；有1
10	是否为农户提供过资金支持	无0；有1
11	利益分配方式	无利益分配0；保底收购1；股份分红、利润返还2
12	与农户的联结方式	无联结0；其他1；合同制2；合作制3；股份制4

根据上述评价指标体系对87家林业企业调查数据重新整理，并经系统聚类后发现，这些企业根据其与农户的利益联结机制紧密性程度的不同主要分为三类，类1有53家，类2有6家，类3有28家。本报告进一步以林业企业与农户利益联结机制紧密性类别为因子，以林业企业2017年总收入[①]和总支出[②]为因变量，分别进行单因素方差分析。研究发现，林业企业和农户利益联结机制紧密性对企业总收入有显著影响。而收入水平的高低一定程度决定了企业盈利状况，这对于维持利益联结机制的稳定性也至关重要。但它对总支出的影响却不显著，说明利益联结机制的紧密性提高并不会带来总成本的显著变化，林业企业不应因利益联结机制的存在而有成本方面的顾虑。

从林业企业盈利状况看，独立性检验结果显示，林业企业与农户的利益联结机制紧密性与企业盈利状况是独立的，说明利益联结机制对林业企业最终的盈利能力影响不显著。

（二）对农户的影响

首先，从林业企业直接或间接带动周边农户规模上看，林业企业确实起到了一定的带动作用，为当地经济发展做出贡献（表6-10）。

表6-10 直接带动和间接带动周边农户规模情况

分析指标	直接带动周边农户数（户）	间接带动周边农户数（户）
众数	100	100
中位数	115	300
平均数	1305	5465
最大值	40000	200000
最小值	3	2
标准差	4912	26456

同时，不少林业企业也在生产环节给予农户更多的资源共享，如技术培训、生产过

[①] 总收入 = 用材林收入 + 竹林收入 + 经济林收入 + 林下种植收入 + 林下养殖收入 + 林产品采集加工收入 + 森林景观利用收入。

[②] 总支出 = 种苗投入 + 化肥农药支出 + 饲料支出 + 人工费用 + 技术服务费用 + 基建费用 + 运输费用 + 保费支出 + 税费 + 其他。

程的指导、产品或产品成本的监管[①]。林业企业与农户利益联结机制的存在，使得林业企业的发展与农户生计关联起来。调查结果显示，与仅从事当地农业生产的普通劳动力相比，参加林业企业生产活动的劳动力收入有明显增加，最大增幅达到每年55000元/人，最低则仅为40元/人，平均年增幅水平也有11820.53元/人，有效地提高了当地农户的收入。

除劳动收入的直接获取外，在林业企业与农户利益联结机制的作用下，企业还为相关农户提供过各类资金支持，旨在帮助农户进行林业生产。调查结果显示，有10家林业企业进行过奖金捐赠或奖励，近五年最高奖赠支出80万元，最低也有1万元。还有5家林业企业对农户融资贷款进行过担保，融资贷款担保近五年累计最高500万元，最低54万元。

整体来看，林业企业与农户的利益联结机制成效并不显著。一方面，利益联结机制紧密性对企业收入产生显著影响，但却对林业企业盈利状况无显著影响。另一方面，利益联结机制的存在给农户带来了技术、管理服务、资金等资源，也带来了一定的收益。但是，这种受益面窄，受益程度不深，农户实惠不够，加之在利益联结机制中处于劣势的现实，使得林业企业与农户间的利益联结机制并不十分稳定，也进一步加剧了林业企业与农户的利益联结机制的低效，值得重视。

问题与对策

一、存在的问题

（一）共享资源品质不高

资源是利益创造的关键要素。目前，林业企业与农户的利益创造联结中存在有初级产品的供给、生产资料的提供、生产过程的适度监管等行为，资源共享主要体现在供产环节。而且资源共享也存在着共享面不够宽、层次不够深的问题。被调查的87家林业企业中仅有30家为农户提供过资金支持，且这其中的20家企业仅是向农户赊垫生产资料款。其次，共享资源种类主要集中于技术、管理、资金等方面。人力资源方面，91.95%的被调查林业企业有季节性雇工，73.56%的企业雇佣流出林地的农户打工，农户潜能的挖掘仍需在雇工过程中不断提升。

（二）利益共享力度小

调查结果显示，近七成的林业企业亏损、基本持平或有微薄的盈利，反映了林业企业总体盈利能力不强。这造成林业企业利益分配对象这块"蛋糕"较小，作为企业众多利益分配主体之一的农户自然分配就少，林业企业与农户之间的利益共享力度弱。三

---

① 报告前文已做分析，这里不再赘述。

成多的林业企业与相关农户不存在利益分配问题，四成多涉及的是最直接简单的保底收购，股份分红和利润分享占比不到1/4。同时，农户参与利益分享多限于供产环节，而对于目前林业企业重要的销售环节产生的利润，农户参与不足。这未能较好体现利益联结机制给农户带来的好处，也会降低农户参与信心和积极性。

（三）利益联结风险认知不足

现代财务观中，风险是预期结果的不确定性，既可能带来损失，但也可能带来收益。在现有的林业企业与农户的利益联结机制之中，相关方对利益联结风险的认知存在不足。一方面体现在农户风险意识的相对淡薄，履约意识观念不强，使其在实际的利益联结关系维护中常常成为草率毁约的一方，因此带来保障其合法权益的更大困难。这对于农户来说也会产生一定的风险损失。另一方面体现在林业企业方，其更多看到的是风险损失，更关注如何止损，而对于风险带来的额外收益认知度不够，缺乏风险收益分享观念。

（四）风险管理制度不健全

由于林业的特殊性，林业企业与农户实际的利益联结中都存在着一定的客观风险因素。而一旦风险发生，会存在两种具体风险后果承担情况。一种情况是林业企业与农户的交易为纯粹的市场自由交易时，由于交易价格随行就市，当因客观原因导致市场价格下跌时，农户往往只能贱卖产品，收入减少，此时的风险由农户承担。而农户相对分散，在利益联结的关系博弈和稳定机制形成中多处于劣势，抗风险能力弱，会降低其与特定林业企业的利益联结意愿，不利于利益联结机制的稳定性。另一种情况是当林业企业与农户的交易是保底收购等方式时，林业企业与农户的利益联结紧密性提高的同时，但风险却更多地由林业企业来承担。尽管也存在股份分红、利润分享等联结方式，体现出一定的风险共担性，但实际实施过程中却因信息不对称、农户大局意识淡薄等导致不信任或隔阂出现，风险共担成效不大。究其原因主要在于林业企业与农户的利益联结风险管理制度不健全，缺乏有效的风险转移和风险规避制度，使得目前的利益联结双方都面临着较大的风险。

（五）社会责任信息披露制度不完善

林业企业与农户的利益联结机制，是林业企业履行社会责任的重要组成。但是，信息不对称使得相关利益方对其履责情况知之甚少。主要问题在于林业企业信息披露、尤其是社会责任信息披露制度不完善。《中华人民共和国公司法》《深圳证券交易所上市公司社会责任指引》《关于中央企业履行社会责任的指导意见》《上海证券交易所上市公司环境信息披露指引》《中国企业社会责任报告编写指南》等政策法规的出台，使得我国企业社会责任信息披露日益规范。但这些规定未能更多考虑行业特殊性，要求的社会责任披露内容宽泛。尽管《中国林产工业企业社会责任报告编写指南》把木材采购合法性、森林可持续经营、森林认证和森林生态服务功能等纳入内容体系，但也还存在完善的空间。随着林业的不断发展，林业不同产业带来的社会责任的不同也要加以考虑。此外，社会责任信息披露自愿性不足，林业企业的社会责任披露水平还比较低[①]。

（六）利益联结机制缺乏有效监管

2012年3月国务院印发了《关于支持农业产业化龙头企业发展的意见》，提出要把坚持机制创新，大力发展龙头企业联结农民专业合作社、带动农户的组织模式，与农户建立紧密型利益联结机制作为基本原则之一；2016年11月国务院办公厅《关于完善集体林权制度的意见》指出要建立健全多种形式利益联结机制；国家林业和草原局《关于进一步放活集体林经营权的意见》就健全完善利益联结机制给出专题意见；2018年9月中共中央、国务院印发的《乡村振兴战略规划（2018－2022年）》就完善紧密型利益联结机制做出详细指引。上述政策文件说明国家层面正在不断完善利益联结形成的机制。但是，在实际工作中，利益联结机制的监管还处于相对薄弱的环节，林业企业、尤其是林业龙头企业与农户的利益联结机制尚缺一套完善的监管体系。

二、对策

（一）增强共享资源品质

提升现有共享资源的质量。首先，在技术方面，林业企业要加大研发投入和力度，加强与科研机构和院校合作；其次，在管理方面，全面提升利益联结管理效率，强调利益联结的全过程管理，做好管理工作质量控制。要加大人力资源的开发。深入挖掘兼具利益联结机制中的农户和企业员工双重身份的人力资源，做好这些员工的培训，技术水平和管理水平同抓，提升员工综合素质。

扩大共享资源的种类。资源的竞争是现代企业发展的关键。要确保林业企业与农户的利益联结机制产生更丰富成果，需要确保其利益创造投入环节的资源更具竞争力。在确保现有共享资源的量和质的基础上，应该考虑扩大共享资源的种类，如金融、品牌等更优质资源的引入。金融方面，不能局限于目前赊垫生产资料为主的资金共享层面，要积极争取银行部门推出针对利益联结机制内的农户的专门抵押贷款或担保贷款产品，并给予农户利率和期限上的优惠。品牌方面，构建林业企业品牌共享制度。在利益联结机制下，给予农户适度范围内的企业品牌使用权。牌匾或证书可以成为利益联结机制中的农户识别标志，能使农户增强品牌意识。产品收购时，做好企业品牌宣传等也能够提升农户的归属感。

建立健全林业企业与农户的交流机制，确保产生信息效益。除了传统的会议、现场等沟通方式的充分应用，要积极适应社会沟通方式的发展和转变，建立企业公众号、微信等多渠道的沟通机制，畅通农户主动沟通的渠道，重视农户的实际需求，增强利益联

---

① 李嘉，温作民.中国林业企业社会责任的政策支持与披露研究——基于47个林业企业的124份社会责任报告[J].生态经济，2016，32（12）：115-119.

结机制的管理柔性，使及时的信息沟通带来效益的提升或成本的下降。

（二）加大利益共享力度

扩展农户参与分配环节。目前，林业企业与农户的利益共享更多体现在供产环节，而经济利益在这两个环节的体现相对弱，农户利益共享偏薄。要改善这一状况，就需要积极推动农户参与分配环节的拓展工作，即利益共享由现在普遍的供产两个环节发展到供产销三个环节。针对较多保底收购的情况，考虑在保底收购协议中增设销售环节利益联动条款，要求企业在销售中有更多获益时需要向农户追加支付采购款，使农户能够有机会参与销售环节利益的分配。

提升利益共享水平。股份分红或利润分享要在确保企业稳定发展的基础上向农户倾斜，让农户真正享受企业发展红利。应建立股份分红或利润分享的低水平固定机制，即无论林业企业实际盈利如何，都确保向农户支付固定的红利，使其有稳定的收入来源。但考虑到林业企业经营风险的客观存在，若企业确实盈利不足，允许其在今后年份再行支付。同时，为避免林业企业财务负担的持续，应允许林业企业在与农户协商的情况下适时调整固定红利水平。

增强利益共享灵活性。利益共享方式的选择既要考虑林业企业的盈利实际，减轻其财务负担，同时也要考虑农户的收入需求。因此，可以借鉴上市公司低股利加额外股利的股利政策基本类型，建立"保底分红+利润分享"的利益共享模式，确保利益共享稳定性和灵活性的统一。

当然，利益共享力度的加大依赖于林业企业的发展壮大，尤其是其盈利能力的提升，这样才能让利益共享的"蛋糕"更大。要把培育和壮大龙头企业作为增强龙头企业辐射带动能力的关键[①]，夯实利益联结机制的企业基础。鼓励林业企业规模的扩张，让其延伸产业链，尤其是向销售端扩张，通过电子商务等新型方式，加大企业销售规模，提升销售利润，使农户参与销售利益分配成为常态。要注重林业企业成本管理，尤其是利益联结成本管理。

（三）提高联结风险认知水平

提高农户风险意识水平，强化林业企业风险收益观。在形式灵活多样、内容生动有趣的基础上，要重视农户和林业企业风险教育和宣传的差异。农户风险教育和宣传以认知为目的，主要了解什么是风险、在利益联结机制中存在哪些风险、风险产生行为方和承担方等基本内容。

强化林业企业风险收益观。林业企业的风险教育和宣传人群以股东和管理层为主，以应用为目的，除了上述基本内容外，还需涉及风险及风险收益的计量内容，使企业能精确度量利益联结机制风险收益水平，便于企业进一步考虑风险收益共享问题。

做好典型案例及时宣传工作。有效收集有关利益联结风险相关素材，筛选典型案例，充分运用现代媒介技术，实时向企业和农户进行宣传，提升其对联结风险认知水平。

---

① 朱满德，江东坡，邹文涛. 贵州省龙头企业与农户利益联结机制探究 [J]. 江苏农业科学，2013，41(9)：413—415.

（四）完善联结风险管理制度

健全保底收购方式下的风险转移和规避制度。倡导林业企业与农户之间签订弹性保底收购合同，明确弹性保底收购价变动的情形和区间。在经济发展疲软的时候，适时降低保底收购价，在保障农户收益的同时缓解企业财务压力和风险，这对林业企业来说可以产生一定的风险规避效应。在经济发展强劲的时候，适当提高保底收购价，提升农户收入水平，并建议财政在林业企业兑现高保底收购价下的支付款后，按一定标准给予收购溢价补贴，转移风险。

推行林业企业风险保障金制度。要求林业企业建立风险保障金制度，并实时监测实行过程中风险保障金的提取、支出等情况，进而就风险保障金的提取标准和比例、风险保障金发生支出的范围等给出标准，规范林业企业风险保障金管理。

（五）完善社会责任信息披露制度

扩充林业企业社会责任披露内容。林业企业肩负社会责任重大，具有明显的行业特点。因此，社会责任信息披露除了遵循一般企业披露内容规定外，要在《中国林产工业企业社会责任报告编写指南》的基础上，探讨林业企业社会责任报告编写指南，把林业企业与农户的利益联结机制作为规定的披露内容。建议社会责任报告内容有必选和可选两个层面，关注不同省份林业企业社会责任的差异，精准界定各林业企业社会责任，确保林业企业社会责任披露重点突出。

建立林业企业与农户的利益联结机制分级信息披露制度。根据目前林业企业社会责任信息披露的现状，建立林业企业与农户的利益联结机制分级信息披露制度，即国家林业重点龙头企业专项强制披露、省级龙头企业常规监测披露、其他林业企业自愿披露三个层次，便于社会公众及各级林业主管部门适时掌握相关情况，进而实施有效的监督和指导。

（六）加强利益联结监管

及时获取利益联结机制的动态信息。除了林业企业社会责任信息披露、利益联结机制信息披露外，要加强对相关农户的调查及适时回访，让林业企业和农户的自评与他评共存。此外，还可以考虑引入第三方调查，以及从林业、农业、金融等多部门获取信息，组成利益联结机制信息获取完整链，确保利益联结机制信息的客观性，从源头避免信息误差。

科学评价利益联结机制。评价林业企业与农户的利益联结机制是对其监管的核心环节。为此，需要建立一套科学的利益联结机制评价指标体系。除了遵循一般指标体系构建中的全面性、综合性、可比性、可操作性、敏感性等原则，还应该进一步考虑在指标体系构建过程中对数据分析方法进行前瞻性思考，便于数据分析方法和指标体系有较好的结合性，增强指标体系的适实用性。建议利益联结机制评价指标体系分基础、行为、成效三部分。基础指利益联结的双方即林业企业与农户的合作基础。如林业企业现有资源、规模等基本情况，农户文化素质、技术水平等基本情况。行为指利益创造和利益共享具体情况。成效指利益联结机制给双方带来的效益，包括经济效益和社会效益等。

做好利益联结机制评价结果的反馈和应用。要加强林业企业与农户的利益联结机制评价结果的及时反馈，保证相关当事人的评价结果知情权。应充分利用各种新媒体手段，扩大评价结果的反馈渠道和范围。此外，还应该加强评价结果的应用。将林业企业与农户的利益联结机制评价结果作为林业企业获得财政补贴、林业项目、评优推荐、贷款支持等方面的重要依据；将利益联结机制中农户的个人行为表现纳入个人诚信体系。

营造林服务主体研究报告

2018 集体林权制度改革监测报告

党的十八大以来，以习近平总书记为核心的党中央高度重视生态文明建设。林业是推动我国绿色发展、可持续发展的发动机，也是生态文明建设的重要内容，林业的发展决定了我国的生态安全。

根据第八次全国森林资源清查结果显示，我国森林总量持续增长，面积达到2.08亿公顷，比第七次全国森林清查时净增1223万公顷；森林覆盖率由20.36%提高至21.63%，森林蓄积量由137.21亿立方米增加到151.37亿立方米，净增14.16亿立方米；人工林发展快速，面积从原来的6169万公顷增加到6933万公顷，增加了764万公顷，人工林蓄积量从原来的19.61亿立方米增加到24.83亿立方米，增加了5.22亿立方米。人工林面积继续居世界首位。

同时我们必须看到，尽管我国森林面积实现了快速恢复和增长，但森林资源质量整体水平仍然较低。要解决这个问题，就必须走现代化林业发展道路。从当前来看，走林地流转规模化的道路道阻且长，在有限的土地资源使用条件下，通过促进专业化的营造林服务主体建设，走服务规模化的道路实现科学、高效营林也许是提高森林经营效率的上佳选择。《全国林地保护利用规划纲要（2010－2020年）》提出：要引导全社会严格保护林地、节约集约利用林地、优化林地资源配置，提高林地保护利用效率，以科学经营为核心，大力提高森林质量和综合效益，挖掘林地增产增收潜力，大幅度提高森林质量和林地生产力。

林业与其他产业发展显著的不同之处在于林业的生产周期性长、异质性强。如果农户不进入林业分工，不从事专业的林业生产服务，只从事自家林地的种植，一生可能仅参与2～3个营林周期，根本无法积攒营林经验。因此，农户天然地出现了一定程度的分工，个别农户可能在多次的营林过程中获取了一定的经验，被认为是"营林专家"，专门为本地农户进行林业生产服务，随着资产专用性的提升，逐渐形成提供生产资料、抚育、采伐、运输、加工等各生产环节服务的经济组织，也就形成了最早的营造林服务主体——耕山队。在传统的计划经济时代，专业化分工程度不高，市场容量有限，营造林服务主体缺乏进一步专业化分工的基础，耕山队其实实现的是一种大而全的生产模式，以"全能型"为主。随着产权可分和技术可分的实现，越来越多农户参与分工，逐步产生了个体、公司等形式的经济组织专门从事一项或者多项的林业生产分工。林业分工走向专业化，营造林服务主体则是林业生产经营分工后形成的一种专业化营林主体。

2018年7～8月，集体林权制度改革跟踪监测项目组福建分组在福建省10个林改监测县展开了针对营造林服务主体调研，并在长汀、沙县、将乐进行了补充调查，总结了福建省营造林服务主体的发展现状、存在的主要问题，提出了相关政策建议。

林业经营性社会化服务主体发展现状

一、类型划分

根据是否在工商部门登记注册，本研究将营造林服务主体分为两类：正式型和非正式型。两种类型在成立原因、人员构成、经营水平、业务范围、业务协议方式、业务流程、业务监督、业务评级、成本和效益上都存在一定的差别（表7-1），但二者之间也有显著的联系：正式型主体多是由非正式型演变而来；两类主体之间有各自的业务边界，形成了良好的市场业务分工；非正式型主体经常由于资质等原因限制，会依托于正式型营造林服务主体开展业务，正式型营造林服务主体也会通过分包等方式与非正式型主体开展业务合作。

表7-1 正式型与非正式型林业经营性社会化服务主体比较

特征	正式型	非正式型
是否工商登记	是	否
主要形式	个人、独资、合资营林工程服务队	零工、耕山队
成立原因	由零散的营造林服务演变而来，发现市场对营林专业化程度需求增加，目标客户群体为政府项目，需在工商部门正式注册登记，成立专业的营造林服务主体	由一位经验丰富的营林人员发起成立，招揽周边有闲暇工作时间的劳动力，逐渐形成一个5～10人的稳定队伍
人员构成	公司通常分为全职员工和非全职员工。整体的服务队伍人员比较稳定，有专门的财务、运营、后期人员	发起人通常全职从事此项工作，手中掌握10～20人左右营林散工名单，营林队伍人员构成年龄普遍较高。散工在非营造林服务时间会拥有各种兼业
经营水平	营林队伍专业化程度、机械化程度、整体经营服务水平较高	营林工人水平高；机械化程度相对较低；整体营造林服务经营水平一般
业务范围	地域范围：主要为本县范围 营林内容：营林工程全过程 工作时间：1、2、3月造林，其他业务全年开展 服务对象：大户、村集体、政府	地域范围：主要是周边乡镇 营林内容：主要是造林、抚育和采伐 工作时间：1、2、3月造林，全年抚育 服务对象：个体、大户、村集体
业务协议	公开招标	口头协议
业务流程	业务运营：专业投标团队，双方确定合同之后，营林公司会对林地进行规划，根据客户要求，科学地规划种植，并进行专业的营造林服务	业务运营：包工头从临时工名单中选人，进行相应业务的开展
业务监督	客户委托监理机构	由客户自行监督
服务评级	有一套完善的量化评价细则。通常详细描述挖穴栽植的大小；抚育扩穴要求程度，劈草质量等等	没有明确的评价标准。业务通常主要是看栽植成活率和3个月左右的长势
运营成本构成	成本主要包括人力成本和财务成本，还有部分资本折旧损耗	没有日常开支与固定资产，运营成本主要是劳动力成本
利润率	毛利润10%～15%	基本只有正常利润，仅能获取工资收入

注：利润率来自被调查的16家典型营造林服务企业，应高于行业平均利润率。

二、发展情况

由于非正式型营造林服务主体没有进行工商登记，缺乏统计数据，本研究仅阐述公司、个人形式的营造林服务主体发展现状。需要说明的是，由于营造林服务主体在工商部门登记时可以选择登记多个经营业务，因此，存在一个公司有多个经营内容的情况（表7-2）。

表 7-2　各县市公司经营范围统计　　　　　　　　　　　　　　　个

项目县（市）	经营范围含造林	林业服务	营林	木材采运	森林抚育	公司合计
仙游	31	0	0	0	0	31
永定	41	0	7	4	2	45
漳平	44	2	12	4	2	45
长泰	2	1	0	1	0	4
永安	17	2	17	2	0	37
武夷山	80	0	8	0	6	81
政和	3	0	0	0	0	3
屏南	8	0	5	4	0	12
尤溪	34	1	29	2	1	42
建瓯	31	0	23	0	0	32
总计	291	6	101	17	11	332

在登记类型为公司中，武夷山市登记的公司数量远远高于其他地区，达到了81家，主要原因是由于该市注册多为茶叶企业，同时从事茶树种植和茶叶生产，业务范围涵盖造林。位于福建重点林区的南平、三明、龙岩3个地级市的监测县（市、区）公司数量都超过30家，低于10个数量的县市包括长泰、政和。从营造林服务公司的业务类型看，主要以造林为主达到242家，其次是营林达到101家，其中尤溪、建瓯在营林环节的公司相对较多。10个样本县登记业务范围含木材采运、森林抚育和林业服务的公司较少（表7-3）。

表 7-3　各县市个体经营范围统计　　　　　　　　　　　　　　　个

项目县（市）	经营范围含造林	林业服务	营林	木材采运	森林抚育	公司合计
仙游	32	24	0	6	1	37
永定	56	19	9	3	10	57
漳平	30	18	6	3	6	33
长泰	0	0	0	0	0	0
永安	31	23	20	15	7	36
武夷山	14	3	4	5	2	16
政和	2	5	27	12	5	35
屏南	0	0	0	0	0	0
尤溪	31	19	6	5	6	31
建瓯	46	45	44	2	29	62
总计	242	156	116	51	66	307

登记类型为个体的营造林服务主体主要包括林业工程队、林业服务队两种，也有一些主营业务并非林业的主体，他们同样从事着林业生产服务。除了长泰和屏南，其余样本地区都有一定数量的营造林服务个体，以建瓯和永定两个地区的数量居多。在服务范围上，服务主体主要以造林、林业服务、营林为主（表7-4）。

表 7-4　各县市经营范围个体与公司合计　　　　　　　　　　　　　　　　　　　个

项目县（市）	经营范围含造林	林业服务	营林	木材采运	森林抚育	合计
仙游	63	24	0	6	1	68
永定	97	19	16	7	12	102
漳平	74	20	18	7	8	78
长泰	2	1	0	1	0	4
永安	48	25	37	17	7	73
武夷山	94	3	12	5	8	97
政和	5	5	27	12	5	38
屏南	8	0	5	4	0	12
尤溪	65	20	35	7	7	73
建瓯	77	45	67	2	29	94
总计	533	162	217	68	77	639

截至2018年8月底，10个样本县有进行工商登记的个体和公司共计639家，低于平均数的有长泰、政和、屏南3个县市；登记的经营业务范围数量由多到少依次为造林、营林、林业服务、森林抚育和木材采运。

虽然上述分析能够对监测县（市、区）营造林服务主体整体状况得出一个基本判断，但由于同一个主体经营注册的范围较广，如一个公司可以同时经营绿化苗木培育、绿化工程、营林、造林及林产品销售等。因此，对总量的识别并不能判定为以造林、抚育、管护、采伐等为主营业务的营造林服务主体数量，需要进一步识别以森林生产环节涉及的分工服务作为主营业务的营造林服务主体数，以便更准确地判断林业营造林服务主体的发展情况。整体来看，工商注册的营造林服务主体中，登记业务第1位含造林和林地更新、抚育、林业生产、森林经营和管理、采伐、营林服务等林业生产经营服务的占总营造林服务主体的70.3%，说明有七成的营造林服务主体以林业生产经营服务为主。分类型看，营造林服务公司和营造林服务个体的比例分别为61.74%和79.48%，可见营造林服务个体专业从事林业生产经营服务的比例和营造林服务企业开展其他综合服务的比例更高（表7-5）。

表 7-5　各县（市、区）林业生产经营服务的占比　　　　　　　　　　　　　　　%

类型	漳平	永定	仙游	长泰	永安	武夷山	政和	屏南	尤溪	建瓯	总占比
公司	55.56	80.00	51.61	25.00	64.86	43.21	33.33	16.67	80.95	90.63	61.74
个体	78.79	70.18	72.97	0.00	72.22	81.25	97.14	0.00	80.65	85.48	79.48

（三）农户对营造林服务主体的选择情况

通过分别询问样本农户近五年来造林、抚育、管护和采伐的完成方式，发现农户无论是造林、抚育、管护还是采伐主要依靠自己完成，其中又以抚育依靠自己完成的比例最高，达到77.67%；其次是造林，比例为55.88%（表7-6）；再次是雇请劳工，选择营造林服务主体的比例整体较低。尽管如此，整体选择林业市场化服务主体的比例已经超过了传统的依靠亲朋帮忙，且在造林、抚育、采伐环节依靠林业市场化服务主体的比例分别达到了37.50%、19.88%和49.7%，说明林业市场化服务主体在农户林业生产经营完成方式中也占据了较高的位置，营造林服务主体具有较大的发展前景（表7-6）。

表7-6　2013－2018年农户选择林业生产经营完成方式

项目	营造林服务主体提供	林业专业合作社	雇请个体工人	亲朋帮忙	自己完成	其他
造林	5.15	1.47	30.88	6.62	55.88	0.00
抚育	0.92	0.61	18.35	2.45	77.67	0.00
管护	5.94	0.70	5.94	2.10	39.37	45.95
采伐	8.28	0.00	41.42	2.37	43.20	4.73

进一步对农户与外界合作模式进行分析，发现在与外界合作完成营林的农户中，造林和森林抚育环节中农户最需要的是劳动力，选择只需要对方负责劳动力分别有60.78%和63.49%；采伐环节中，有近2/3的农户不仅仅需要劳动力，还需要对方提供生产工具（表7-7）。通过计算2017年农户林业生产成本构成发现，林业生产成本中最大的是劳动力支出，依靠市场提供劳动服务成为农户从事林业生产经营的一个重要途径（表7-8）。

表7-7　近五年采用营造林社会化服务的合作方式　　　　　　　　　　　　　　　　　%

项目	自己提供物资，对方只负责劳力	物资和劳力均由对方负责，自己只负责付钱	只提供部分物资，其他由对方负责	自己提供物资，对方劳力和运输	其他
造林	60.78	19.61	15.69	—	3.92
森林抚育	63.49	30.16	—	—	6.35
采伐服务	21.84	64.37	—	8.05	5.75

表7-8　2017年农户家庭林业生产经营支出

分类项目	户均支出（元）	所占比例（%）
种苗/幼种支出	630.74	3.22
化肥农药支出	3032.15	15.47
自投劳动力支出	7736.74	39.49
雇佣劳动力支出	5609.85	28.63
机械或畜力支出	1024.37	5.23
税费支出	96.30	0.49
其他支出	1463.70	7.47
合计	19593.85	100.00

营造林服务主体发展存在的问题

一、运营成本高昂

(一) 人工成本高

通过对16家营造林服务主体调研发现，人工成本占运营成本的比例平均高达47%，几乎达到运营成本的一半。且随着劳动力价格的不断上升，人工成本的比例将不断上涨。高昂的人工成本大大挤压了营造林服务主体的利润空间。

(二) 税收负担重

营造林服务主体是一个进入门槛较低的行业，行业间竞争较为激烈，加上由于分权带来的林地经营主体分散，使得经营业务规模效应不能显现，利润空间非常小，但营造林服务主体为了获取项目招标资质等原因进行工商登记后需要缴纳4%的增值税，不能像合作社一样享受税收优惠或减免，使得经营成本显著提高。

(三) 员工保险费用负担重

由于愿意从事林业生产经营服务的人员多为年龄超过50岁的人员，营造林服务主体为了保障员工的利益和符合项目招标的条件，需要为年龄超过50岁的员工购买商业型工伤保险，又由于保险企业认为从事林业生产经营服务的风险较大，导致相较一般行业的工伤保险费率厘定较高。只能购买商业型保险和较高的费率导致企业的保费支出也较高。

(四) 融资成本高

营造林服务主体在招投标和业务实施过程中经常需要自己先垫资，但由于营造林服务组织多以中小企业为主，资产规模较小，缺乏有效抵押物，金融市场中又缺乏针对营造林服务组织的专业性服务，导致营造林服务主体向正规金融机构融资的难度非常高，只能选择利率非常高的民间资本进行融资。根据对16家营造林服务主体的调查，企业财务成本占运营总成本的比例平均高达28%。

二、业务范围扩展难、项目招投标方式不利于企业提升业务水平

(一) 营造林服务主体能够进入的业务范围较窄

从目前来看，营造林服务主体能够经营的涉林业务范围主要局限于造林、抚育、管护、采伐等产中环节，包括林权勘测、种苗培育、林地规划设计、林业种植技术培训等产前环节则较少有机会进入，而是多被地方林业单位下属企业承揽，导致能够经营的业务范围较窄。

（二）业务招标方式不利于优势企业胜出

目前，营造林服务主体的业务主要来自以下三个方面：政府项目、村集体项目和农户个人项目，前两个项目是通过招标的方式承包，发包方通常都会要求投标单位有进行工商登记，然后通过公开的"抓阄"的方式，即随机抽取一个号码，相应的号码对应方就为中标方，招投标的方式在某种程度而言非常的"公正"，但由于工商部门目前对于营造林服务主体并没有相应的资质要求，只需要提供相应的身份证明就可以注册一家营造林服务主体，结果许多没有经营经验的主体进入市场参与招投标，"买标卖标"屡见不鲜，出现许多"劣币驱逐良币"现象，严重扰乱了营造林服务市场正常的交易秩序。

三、从业人员年龄偏大，有一定的断层风险

（一）从业人员年龄基本超过 50 周岁

16个营造林服务主体中，年龄超过50岁的管理人员和工人占管理人员和工人总数的比例分别为72%和70%。

（二）年轻从业人员严重匮乏

管理人员中年龄30及以下的占比仅3%，40周岁以下的占比仅20%；工人中年龄30周岁及以下的占比为0，40周岁以下的占比仅5%，基本没有年轻人员愿意从事营造林服务工作（表7-9）。青年人不愿从事营造林服务带来的专业化营林从业人员的断代，会在未来变成阻碍林业专业化发展的因素。

表 7-9　营造林服务主体年龄构成　　　　　　　　　　　　　　%

职务	30 周岁及以下	31～40 周岁	41～50 周岁	51～60 周岁	60 周岁以上
管理人员	3	17	8	43	29
工人	0	5	25	52	18

四、农户认知度低、营造林服务的市场空间有限

被调查的农户中，听说过耕山队的仅6.59%，听说过管护队的仅23.55%，听说过采伐队的仅8.98%，农户无论是对涉及造林、抚育还是采伐环节的营造林服务主体了解情况都比较低（表7-10）。事实上，监测县（市、区）除了有上一节介绍的正式型营造林服务主体外，还存在由云南、贵州、广西以及当地散工自发组建的非正式型专业化营造林服务队伍。他们游走于各个县市之间为当地的农民提供全面的营造林服务。

表 7-10　农户对当地营造林服务主体了解情况　　　　　　　　　　　%

项目	有	没有	不清楚
耕山队	6.59	89.22	4.19
管护队	23.55	71.66	4.79
采伐队	8.98	89.02	2.00

营造林服务的市场空间有限表现在两个方面：一是林权改革使得林地经营破碎化，经导致农户经营的积极性不足。二是随着国家对林业生态功能的重视，可供经营的林地面积越来越小。随着福建天然林全面禁伐的实施和生态区位商品林的划定，福建省内真正可供商业化经营的林地面积已下降到两成左右。

促进营造林服务主体发展的对策建议

一、给予营造林服务主体金融和财税支持

推动营造林服务主体金融和财税支持，主要表现在：一是推动金融机构针对营造林服务主体试行"信用证"。营造林服务主体资金需求主要表现为短期的周转资金需求，金融机构可根据发包方请求，给营造林服务主体开具保证承担支付款项责任的书面凭证，营造林服务主体将该信用证进行抵押后，从金融机构获取优惠贷款；二是参照合作社给予税收减免。营造林服务行业是服务于具有正外部性的林业，服务对象是收入水平整体较低的山区农民，无论从促进林业发展还是降低农民负担考虑，都应将营造林服务主体纳入税收减免范畴，具体减免措施建议参照合作社的方式；三是争取给予营造林服务主体的工伤保费支出一定比例的财政补贴；四是扩大林业机具购置补贴的品种范围，加快营造林服务行业林业机具对劳动的替代。

二、加强营造林服务宣传和信息联通

首先，广泛宣传，提高社会认知。充分利用信息服务平台，通过地方媒体、通讯运营商等宣传营造林服务工作。其次，利用各县（市、区）的林权交易中心搭建营造林服务交易平台。整合营造林服务主体供给信息和需求信息，推动营造林服务供需信息的低成本匹配。再次，促进营造林服务行业专业协会发展。鼓励营造林服务主体创建以专业化分工、区域化服务等为特征的行业协会，相互促进、共同学习，维护营造林服务市场生态。

三、改进招投标方式，优化营造林服务主体甄别与筛选

通过竞争性投标使得同等要求下报价低的主体或同等报价下愿意提供更高标准服务

的主体胜出。建立黑名单制度，对近期营造林验收不合格、有"买标卖标"记录、遭到发包方投诉等情况的企业予以惩戒，禁止其在一定时期内参与政府项目承包。构建适宜的准入和退出机制。对于没有营造林经验或者在营造林过程中出现重大质量问题的企业，应限制准入或及时取缔其营造林资质。构建营造林服务评价机制。制定相应的评级体系和服务等级，对承包方提供的营造林服务质量进行打分和评价，筛选出服务水平较高的主体。定期公布一批有资质、效率高、成果优的营造林服务主体。

四、加强营造林服务人员的选拔与培养

将从事营造林服务的人员纳入"新农人"等政府项目培训对象，提高其从事营造林服务的意愿和能力。优先从营造林服务从业人员中聘用护林员，提高营造林服务从业人员的收入保障。

生态护林员制度建设及其实施效果研究报告

2018 集体林权制度改革监测报告

党的"十八大"确定了"建设美丽中国"的战略目标，把建设社会主义生态文明制度提升到事关"两个一百年"奋斗目标和中华民族伟大复兴中国梦的实现的战略高度，为生态文明制度建设提供了前所未有的契机和政治保障。生态护林员制度是中国生态文明制度体系中不可或缺的重要组成部分，也是中国生态文明制度体系建设的重要制度支撑。

林业是我国生态文明建设的主战场。只有加强对森林资源有效管护、推动林业发展，才能有效改善空气质量，避免水土流失，并促进生态环境改善。林业部门必须采取科学合理的管护措施，不断提高森林资源的管护水平，以确保森林资源增长和生态文明建设目标实现。

为强化森林资源保护，我国先后出台了《森林限额采伐管理制度》和《森林生态效益补偿制度》，对推动我国森林资源增长、促进林业发展理念的转变产生了重大影响和积极成效。生态护林员制度，是进一步强化森林资源保护的又一重要制度创新；推动生态护林员制度建设，是近年来我国林业部门推动森林资源保护制度化建设的又一重大举措。

湖南省及样本县生态护林员制度建设情况

一、省级层面生态护林员制度建设情况

为贯彻落实党中央、国务院生态文明建设的一系列重大战略部署，2014年湖南省林业厅印发了《湖南省森林生态效益补偿基金管理办法》。2016年，根据《中共中央、国务院关于打赢脱贫攻坚战的决定》和《中共湖南省委湖南省人民政府关于深入贯彻〈中共中央、国务院关于打赢脱贫攻坚战的决定〉的实施意见》精神，结合湖南省实际，湖南省林业厅制定、颁布了《湖南省建档立卡贫困人口生态护林员管理办法》。2017年，根据《国家林业局办公室 财政部办公厅 国务院扶贫办综合司关于开展2017年度建档立卡贫困人口生态护林员选聘工作的通知》和《国家林业局计财司关于规范建档立卡贫困人口的通知》等文件要求，经省人民政府批准，湖南省林业厅与湖南省财政厅、湖南省扶贫办联合制定了《湖南省建档立卡贫困人口生态护林员管理办法（试行）》和《湖南省建档立卡贫困人口生态护林员管护劳务协议（式样）》，用以指导和规范各县级人民政府和县（市）林业局制定相应生态护林员制度建设。2017年全省新增建档立卡贫困人口生态护林员共3845人。目前，省级层面的生态护林员制度建设主要集中体现在《湖南省建档立卡贫困人口生态护林员管理办法（试行）》（以下简称《办法》），其基本措施如下。

（一）明确规定生态护林员选聘、续聘的基本原则与条件

《办法》规范了生态护林员选聘、续聘的四个基本原则：一是精准落地原则。强调备选对象生活所在地应该属于重点生态功能区转移支付补助县、集中连片特殊困难地

区、国家扶贫开发工作重点县和省级扶贫县。二是精准到户原则。规定生态护林员选聘、续聘应该优先考虑贫困程度较深的家庭、少数民族家庭与退伍军人。三是自愿公正原则。强调必须尊重个人意愿，在自愿报名的基础上按程序公开、公平、公正选用。四是统一管理原则。规定生态护林员由乡镇人民政府统一管理、林业工作站配合；村组生态护林员不跨乡镇聘用，原则上在本村内进行管护活动；国有林场、自然保护区、森林公园、湿地公园等生态护林员就近安排管护活动。

《办法》明确规定了建档立卡贫困人口生态护林员选聘、续聘的基本条件。主要强调了以下三个方面：一是思想素质好，生态护林员必须热爱林业，遵纪守法。二是身体素质好，年龄一般在18~60岁之间，身体健康，能胜任野外巡护工作。三是履责能力强，生态护林员必须具备一定文化水平和组织协调及政策理解能力，能认真履行管护职责。

为加强对建档立卡贫困人口生态护林员选聘和续聘工作的监督与管理，《办法》明确规定：对反映建档立卡贫困人口生态护林员选聘和续聘有关的问题，有关部门应及时核实、查处；对反映有严重问题并查有实据的拟聘任人员，取消聘任资格；对弄虚作假、不按规定条件和程序办事的相关工作人员，视情节轻重给予批评教育、调离工作岗位或给予相应处分；构成犯罪的，依法追究刑事责任。

（二）规范了生态护林员的选聘、续聘程序

《办法》严格规范了生态护林员选聘、续聘"公告→申报→审核→考察→评定→公示→聘用"的基本程序，强调生态护林员的选聘、续聘必须做到"公开、公正与公平"。

1. 公告

乡镇人民政府委托乡镇林业工作站在符合条件的村组、且村民活动较集中的醒目位置张贴选聘公告，公告时间不得少于5天。公告内容包括选聘资格条件、名额范围、程序、方式、选用后的劳务关系、管护任务、管护劳务报酬、报名方式、需要提交的相关材料及其他相关事项。

2. 申报

符合条件的贫困人员根据自身条件和意愿，向村支"两委"申报，提交相关资料。

3. 审核

根据申报材料和选聘条件，乡镇人民政府组织对申报材料进行审核。

4. 考察

重点考察政治素质、贫困状况及岗位适应程度。考察可以由乡镇人民政府组织村支"两委"、村民小组长、乡镇林业工作站干部采取谈话、查阅资料、实地调查走访等方式进行。

5. 评定

乡镇人民政府组成评审组，结合当地资源情况，对符合条件的人员进行打分排序。本着"择优、公开"的原则，研究确定拟聘的建档立卡贫困人口生态护林员。

6. 公示

乡镇人民政府拟聘的建档立卡贫困人口生态护林员名单在行政村的醒目位置进行张

榜公示，征求村民意见。公示期不得少于7天。

7. 聘用

公示期满后，对没有问题或者反映问题不影响聘用的拟聘任人员、经县级扶贫部门审核确认为建档立卡贫困人口后，报送县级林业部门审查；县级林业部门审查汇总后再统一报县级人民政府审定，然后由乡镇人民政府与护林员逐个签订管护劳务协议，确定聘用关系。

（三）明确了生态护林员的工作职责

《办法》强调通过一年一签的《生态护林员管护劳务协议》明确劳务关系，确定管护范围及面积，明确界定了生态护林员的工作职责：①对林业法律、法规、政策进行宣传；②对管护区森林、湿地、石漠化山地等资源进行巡护，掌握管护区森林资源情况；对重点地块、珍稀树种、珍稀动物要重点管护，发现问题及时报告；③对管护区内发生的乱征滥占林地（湿地）、乱砍滥伐林木、乱捕滥猎野生动物、乱采滥挖野生植物、滥放牧、乱征滥占等破坏森林、湿地、石漠化山地资源行为，依法制止，及时报告；④认真履行森林防火职责。做好巡护森林、鸣锣预警，及时发现和消除森林火灾隐患；看好山头，看好地头，看好坟头，看好路口，看好特殊人群；协助管理野外火源，协助查处违规用火和火灾案件；对管护区内发生的森林火情、火灾，及时报告，对于轻微火情采取有效措施进行扑救；⑤对管护区发生的林业有害生物危害情况及时上报；⑥对发生在责任区内的各种破坏宣传牌、标志牌、界桩、界碑、围栏等林业设施的行为，要予以制止，责令当事人限期予以修复，并及时上报；⑦阻止牲畜进入管护责任区毁坏林木及幼林；⑧及时报告山体滑坡、泥石流、冰雪灾害等自然灾害对森林资源的危害情况；⑨做好管护劳务协议规定的其他工作和临时交办任务。

《办法》还规定，生态护林员须持证上岗，按指定管护区域开展日常巡护，并于当天登记巡山记录，非森林防火期每月出勤天数不得少于20天，森林防火期要全勤在岗。因病、因事请假，须经乡镇林业工作站负责人批准，并就近安排护林员代为巡护。

（四）明确了对生态护林员的管理、培训及解聘办法

《办法》规定，生态护林员队伍实行"县建、乡管、村用"的管理机制，明确了生态护林员的管理、培训及解聘办法。

在生态护林员的管理方面，《办法》规定：生态护林员的管护责任区原则上以地形、村界等为界线划定。各地可按照每个护林员既可以管护公益林也可以管护商品林、既可以管护天然林也可以管护人工林、既可以管护森林也可以管护湿地的原则，从方便管护出发，打破护林员原来的管护范围，对建档立卡贫困人口生态护林员、生态公益林管护员、天然商品林管护员和森林防火护林员的管护范围进行合理布局，按照管护难易程度，重新确定每个护林员的管护面积和管护区域。每个建档立卡贫困人口生态护林员的管护面积一般不得少于1000亩。管护区要设立护林标牌，并在护林标牌上标明管护责任人、管护地点、四至界线、面积、电话以及监管单位、监管人、监督举报电话等内容，以加强对建档立卡贫困人口生态护林员的监督。

《办法》明确规定了生态护林员的管理责任机构：县级林业天保部门负责建档立卡贫困人口生态护林员队伍的统一管理，建立县级建档立卡贫困人口生态护林员数据库，对建档立卡贫困人口生态护林员实行动态管理，定期或不定期对乡、村两级建档立卡贫困人口生态护林员管理情况进行抽查，并将抽查情况作为年度考核的依据。年度考核主要内容为护林制度建设、护林责任落实、建档立卡贫困人口生态护林员队伍管理、护林员日常出勤情况、巡山登记记录情况、森林资源保护成效，特别是森林防火宣传和野外用火管理成效。考核结果作为对生态护林员绩效资金分配和是否继续聘用及对乡镇人民政府林业目标管理考核的依据。

在生态护林员培训方面，《办法》明确要求建立建档立卡贫困人口生态护林员培训制度，县级林业部门负责建档立卡贫困人口生态护林员培训的组织实施。生态护林员聘用前必须经培训合格，然后由县人民政府统一发放护林员证，培训考试不合格的一律不得聘用上岗。生态护林技能培训每年不得少于一次。

《办法》确立了生态护林员相对稳定的进退动态管理机制，对生态护林员解除管护劳务协议的情形给予了明确规定：①建档立卡贫困人口生态护林员自愿退出的；②不履行管护职责、违反管护协议内容、考核不合格的；③建档立卡贫困人口识别不准的；④按照有关法律法规、政策应该退出的。建档立卡贫困人口生态护林员退出后，对相应空缺岗位要求按照选聘工作要求及时进行补选。

（五）明确了对生态护林员的考核与奖惩措施

为加强对生态护林员的管理，《办法》明确规定了生态护林员的管理考核机构，并详细、具体的规定了对生态护林员的考核奖惩措施。

对于生态护林员的管理考核机构，《办法》规定：乡镇林业工作站配合乡镇人民政府负责建档立卡贫困人口生态护林员的管理和日常考核，县级林业部门负责建档立卡贫困人口生态护林员的年度考核，年度考核工作必须在劳务管护协议到期前的一个月完成。具体考核办法由县市区林业部门自行制定。

对于生态护林员的管理考核措施，《办法》规定:县级林业部门每年组织对建档立卡贫困人口生态护林员的工作进行一次综合考核。对模范执行巡护任务、制止破坏森林资源作出成效的，由县级林业部门给予奖励；有突出贡献者，可向同级人民政府或上级林业部门申报奖励；对不尽职责、滥用职权、违犯法纪者，由聘用单位视其情节轻重，给予批评教育、扣减劳务报酬、解聘等处理，触犯刑律的，移交司法机关处理。

《办法》规定，对生态护林员有下列行为之一的给予奖励：①管护区内无野外违法用火，无火警火灾及其他破坏森林案件发生的；②模范执行劳务协议，工作认真负责，年度考核优秀的；③为侦破林业重特大案件提供关键情报，做出重大贡献的。

《办法》规定，对生态护林员有下列行为之一的给予解除管护劳务协议处分：①管护区域内发生重大破坏森林案件未及时发现、报告而造成重大损失的；②管护区域内发现火情不及时报告的；③护区域发现有林业有害生物危害不及时报告，造成危害蔓延或酿成重大损失的；④在案件侦破过程中有意知情不报、隐瞒歪曲事实，对破案造成障碍的；⑤参与毁林盗伐、乱捕滥猎或者包庇他人乱砍滥伐和乱捕滥猎的；⑥外出务工不履行管护职责的，未经林业部门同意擅自将管护职责转移给他人的，多次出现脱岗经批评教育不改正的。

（六）明确了生态护林员薪酬与福利管理办法

为提高生态护林员的工作积极性和保障生态护林员的工作生活条件，《办法》明确规定了生态护林员的薪酬与福利管理办法。

对生态护林员薪酬管理，《办法》规定：项目县（市、区）应按照省里规定的标准，及时发放建档立卡贫困人口生态护林员劳务管护补助，其中70%按月（或季）发放，30%作为年度绩效考核补助发放。劳务管护补助必须在当月（或季）结束后20个工作日内发放到位。年度绩效考核补助在年度绩效考核结束后30个工作日内发放到位。为简化发放程序、防止截留挪用，建档立卡贫困人口生态护林员劳务管护补助一律通过惠农资金"一卡通"存折发放到位。

《办法》还强调了县级财政应安排必要资金，用于建档立卡贫困人口生态护林员培训、购买人身意外保险和护林装备等。

二、样本县层面生态护林员制度建设情况

依据湖南省林业厅下发的《湖南省建档立卡贫困人口生态护林员管理办法》，各样本县根据当地实际情况分别出台了相应的生态护林员管理制度（表8-1）。

表8-1　样本县生态护林员管理制度建设情况一览表

序	县别	出台的生态护林员管理办法	制度建设单位
1	平江	平江县建档立卡贫困人口生态护林员实施方案 平江县建档立卡贫困人口生态护林员考核细则	县人民政府
2	茶陵	茶陵县建档立卡贫困人口生态护林员考核管理办法 茶陵县林业局2018年度生态护林员管理工作方案	县林业局
3	衡阳	2014衡阳县村级护林员和森林扑火队伍管理暂行办法； 2017衡阳县村级建档立卡贫困人口生态护林员管理办法	县林业局 县扶贫办
4	新邵	新邵县村级护林员管理办法（2013）； 新邵县村级建档立卡贫困人口生态护林员管理办法（2017）	县人民政府 县林业局
5	蓝山	蓝山县生态公益林护林员选聘管理办法； 蓝山县公益林护林员管护质量年度考核评分暂行办法	县林业局
6	慈利	慈利县护林员管理考核办法； 慈利县建档立卡贫困人口生态护林员选聘实施方案	县林业局 县扶贫办
7	凤凰	2017年凤凰县建档立卡贫困人口生态护林员选聘实施方案； 凤凰县2018年生态补偿脱贫工程实施细则； 凤凰县生态扶贫资金使用管理办法	县林业局 县财政局 县扶贫办
8	花垣	花垣县转岗生态护林员考核管理制度； 花垣县建档立卡贫困人口生态护林员管理实施细则	县林业局、县财政局、县脱贫办
9	会同	会同县生态护林员管理办法； 关于加强建档立卡贫困人口生态护林员管理工作的通知	县林业局、县扶贫办、县政府办
10	沅陵	沅陵县人民政府《关于森林防火行政责任追究办法》； 沅陵县茂丰久森林资源管护有限公司工作手册	县委县政府，茂丰久公司

(一) 平江县

平江县地处湘鄂赣三省交界处，是湖南省22个重点林业县之一。全县共有159.2万亩山林纳入国家和省级公益林补偿范围，占全县山林面积的37.2%，其中国家级公益林90.8万亩、省级公益林68.4万亩。近几年来，平江县在生态护林员制度建设方面，主要在"管"字和"实"字上做文章，具体做法是：

一是高层推动。县里成立了以主管县长为组长的"生态公益林建设领导小组"，经县政府批准，在林业局设立了"生态公益林管理站"具体负责全县公益林建设、宣传、检查、补偿资金发放等工作。在已启动公益林建设的25个乡镇、4个国有林场和5个森工企业成立相应的管理机构，做到有机构、有牌子、有办公室，有专门的档案柜，落实专人具体负责公益林日常工作，确保公益林建设工作有人抓、有人管。

二是制度驱动。平江县人民政府办公室2013年3月出台了《平江县加强天然阔叶林资源保护实施细则》[平政办发（2004）2号]，2016年制定颁布了《平江县生态护林员管理办法》，2017年，平江县林业局制定了《平江县建档立卡贫困人口生态护林员选聘实施方案》和《平江县建档立卡贫困人口生态护林员考核细则》，使生态公益林管护制度不断完善。

三是队伍联动。自2013年以来，全县护林员队伍不断扩大，从2013年的298名发展到2018年的387名。县林业主管部门与护林员签订了管护协议，明确了管护责任，进行了岗前培训，建立了护林员档案，实行了严格的奖惩制度。2017年全县发放公益林护林员工资150余万元，公益林资源管护得到明显加强。

(二) 茶陵县

茶陵县国土总面积375万亩，林地面积264万亩，林地占国土总面积的70%，有林地面积220万亩，活立木蓄积量489.665万立方米，森林覆盖率62.88%，是湖南省重点林区县之一，是全国100个油茶产业重点县之一，是湖南省25个油茶产业示范基地县之一，林业生态和林业产业基础扎实。先后荣获"全国长防林工程建设先进县"和"全国林业生态建设先进县"等称号。

茶陵县坚持绿色生态发展是社会发展的重中之重，把林业摆在生态建设的首位，把封山育林作为林业发展的中心任务，坚持完善生态护林员制度，落实护林防火责任，建立监管机制，加强资源保护，加强队伍建设，坚持绿色创新，推进生态发展。在生态护林员制度建设方面，以《湖南省建档立卡贫困人口生态护林员管理办法》为依据，先后制定颁发了《茶陵县建档立卡贫困人口生态护林员考核管理办法》和《茶陵县林业局2018年度生态护林员管理工作方案》。

专栏8-1　记茶陵县马江镇月岭村生态护林员费牛仔

月岭村是茶陵县68个贫困村之一，村上贫困户费牛仔因老伴身患癌症花去治疗费用20多万元，最终老伴还是撒手而去，留下16万元的债务给这个本就不

> 富裕的四口之家。至今全家还住在一栋二层的砖混房，家徒四壁，没有什么像样的家具，更别说基本的电器了。这样困难的家庭2014年经群众评定为建档立卡贫困户。2016年经本人申请乡镇呈报县林业主管部门审核批准，马江镇聘用费牛仔为建档立卡贫困人口生态护林员。
>
> 费牛仔非常珍惜这份来之不易的护林工作，他勤勤恳恳、踏实肯干地履行着护林员的工作职责。为了更好地宣传爱林护林知识，费牛仔自己花钱购置了扩音器，请乡镇林管站的同志帮忙录制了生态护林、森林防火、林地管理、野生动植物保护等相关法律法规，每天不厌其烦地穿梭在那1000多亩的山林及村道上，一边护林一边进行播放宣传。尤其是遇上过年过节、赶集、清明扫墓的日子，费牛仔更是早早起床开始他的巡山之路，把他管护的责任山走上两三遍才放心。路上一旦发现情况就及时向村里和林业部门报告。就在2018年夏天，一农户烧稻草引发失火，费牛仔第一个赶到现场，他一边通过扩音器召集附近的村民赶来灭火，一边打电话向村、镇值班室报告。自己也不顾一切冲上去参与灭火。由于处置及时，避免了一场危及后山近千亩的森林大火。
>
> 费牛仔人老心红干劲足，工作中坚持原则，不怕得罪人。只要谁家在房前屋后乱砍伐一棵树木，他都会上前制止，并耐心劝说。也因此得罪了不少乡亲近邻，但是时间长了，大家看到费牛仔一视同仁地秉公办事，连自己家的亲戚也是同等对待，也就渐渐地习惯了他的"六亲不认"。当地群众一提到费牛仔都竖起了大拇指，夸他是最认真工作的护林员，要推举他参评县里的"最美护林员"。费牛仔听了笑笑说："我只不过是一名普通的护林员，要感谢党和国家的扶贫政策好，也感谢乡亲们对我的信任，让自己有护林员工作，生活越过越好。"
>
> 本文链接：http://www.1017zzfp.com/content/?5929.html

（三）衡阳县

衡阳县林业用地201.9万亩，占土地总面积的52.5%，森林覆盖率33.0%，全县活立木蓄积量167.5万立方米，立竹1527万根。1993年衡阳县消灭了宜林荒山，1997年实现了全面绿化。

衡阳县为加强林业生态保护工作，夯实林业生态建设成果，2014年县政府出台了《衡阳县村级护林员和森林扑火队伍管理办法》文件，规范了村级护林员(将生态护林员与防火护林员整合统称为村级护林员)的配备与管理。同年，县森林防火指挥部出台了《衡阳县森林防火体系建设实施方案》（蒸森指[2014]9号）文件，将村级护林员纳入网格化管理系统。2017年按照《湖南省建档立卡贫困人口生态护林员管理办法（试行）》指示精神，衡阳县人民政府办公室会同县林业局、县财政局制定了《2017衡阳县村级建档立卡贫困人口生态护林员管理办法》，在全县实行建档立卡贫困人口生态护林员管护制度。

（四）新邵县

新邵县位于湖南省中部，资水中上游，生态区位优势明显，是湖南省重点林区县、国家重点生态功能县。全县林业用地面积106042.3公顷，活立木蓄积405万立方米，立竹91.95万根，森林覆盖率57.77%。

多年来，新邵县的生态公益林管理工作是与全县的封山育林工作结合在一起的。2013年，新邵县人民政府办公室制定印发了《新邵县村级护林员管理办法》，从此全县形成了村村有护林员的护林体系，护林员与乡镇、林场签订管护协议，做到了所有山林都有人管护。2016年，县人民政府办公室遵照《湖南省建档立卡贫困人口生态护林员管理办法》的要求，结合本县实际，制定印发了《新邵县村级建档立卡贫困人口生态护林员管理办法》。目前全县严格按照《新邵县村级建档立卡贫困人口生态护林员管理办法》的相关要求，对生态护林员实施选聘与考核管理。与此同时，新邵县具有特色的做法是：公益林农户都与政府签订了禁伐限伐管护协议，严格按《公益林管理办法》和湖南省三年禁伐减伐行动的要求进行林木采伐管理；各乡镇人民政府、国有林场与县人民政府签订了森林保护发展目标管理责任状，生态公益林管护工作得到了全面落实。

专栏8-2 新邵县建档立卡贫困人口生态护林员选聘公告
（样式）

为加强我乡森林资源的保护和管理工作，助推全乡（镇）脱贫攻坚工作，根据《新邵县村级建档立卡贫困人口生态护林员管理办法》，拟在本乡（镇）范围内选聘一批建档立卡贫困人口生态护林员。现将有关事项公告如下：

一、选聘对象条件

1. 已列入当地建档立卡贫困人口范围；
2. 小学以上文化程度，年龄一般在18~60岁之间；
3. 熟悉管护责任区域的村情、山情、民情；
4. 身体健康，责任心强，能胜任野外巡护工作；
5. 政治素质好，热爱林业工作，遵纪守法。

二、选聘程序与方式

1. 申报。申报人根据选聘条件和本人意愿，凭相关证明材料（建档立卡贫困户复印件、身份证、一卡通存折本），提出书面报名申请。

2. 审核、考察、评定。根据申报材料，先由乡（镇）政府组织对申报人进行初审，再由乡（镇）政府组织林业、扶贫、财政等相关单位人员组成考察小组对申报人进行考察，最后由乡（镇）政府对符合条件的人员按照"精准、自愿、公开、公平、公正"的原则，确定本乡（镇）拟聘生态护林员。

3. 公示。乡（镇）政府对拟聘的建档立卡贫困人口生态护林员名单进行张榜公示，公示期不少于7天。

4. 聘用。公示期满后，对没有问题或者反映问题不影响聘用的，报上级有关部门审核同意后，由乡（镇）政府与拟聘人员签订聘用管护协议，并报县林业局备案。

> 三、选聘名额及工资待遇
> 　　根据《新邵县村级建档立卡贫困人口生态护林员管理办法》，分配给本乡（镇）生态护林员名额为　　名。聘用后的生态护林员劳务工资标准为每人每年1万元。
> 四、报名时间
> 20××年××月××日起至××年××月××日止。
> 五、报名地点
> 申报人所在的村民委员会。
>
> 新邵县××乡（镇）人民政府
20××年××月××日

（五）蓝山县

蓝山县是湖南省重点林业县之一。全县林业用地212.75万亩，占全县总面积的78.5%，森林蓄积352.5万立方米，森林覆盖率71.6%。蓝山县是湘江源头，生态区位功能十分重要，全县80%以上的森林面积属于生态公益林。

自2016年以来，蓝山县多举措加强生态公益林管护，成效显著。一是建立健全生态护林员制度。县林业局先后制定了《蓝山县生态公益林护林员管理考核暂行办法》（蓝林字[2017]56号）、《蓝山县生态公益林管护细则》和《蓝山县2017年度公益林护林员管护质量年度考核评分暂行办法》，建立了护林员动态管理数据库；二是强化保护宣传。全县新配置了9块大型护林宣传牌、173块村级护林宣传牌和1730个护林宣传栏，提高了村民保护森林的自觉性；三是配齐配强人员。将原村级公益林护林员重新考核聘任，纳入封山育林护林员管理，全县共聘用护林员263名，其中建档立卡贫困人口生态护林员116名，为脱贫攻坚做出贡献；四是健全组织管理机构。成立了蓝山县生态公益林管理工作领导小组，设立专门办公室，国有林场及林业工作站同步设立专职监管人员；五是强化管护责任。县政府与各乡（镇）场，乡（镇）场与各村层层签订"管护责任书"。国有林场和林业站与专职护林员签订"管护合同"，与林权所有者签订"禁限伐协议"。县委、县政府将公益林保护管理纳入各级政府年终考核考评范围。定期、不定期组织人员对护林员的巡护工作进行检查监督、发现问题，及时进行整改；六是跟进档案管理。县林业局制定了"生态公益林档案管理制度"，各级均设立专职人员、添置专用档案柜及专用计算机。建立全县林地一张图，全县公益林所有档案材料都建有电子档案。所有公益林在初期界定时都签订了"界定书"，管理合同、禁限伐协议、实施方案、小班分布图、分户登记卡、小班因子表等资料归档齐全，做到了图标书卡的一致。

（六）慈利县

慈利县位于湖南省西北部，武陵源世界自然遗产缓冲区，是生态保护的重点县域。全县现有林地面积369.79万亩，占全县总面积的70%以上，森林覆盖率66.53%，森林蓄积量695万立方米。

2016年,慈利县林业局按照精准扶贫、精准到户、突出重点、自愿公正、统一管理的原则,制定并颁布了《慈利县建档立卡贫困人口生态护林员选聘实施方案》,在全县建档立卡贫困农户中选聘了292名生态护林员,辐射全县25个乡镇。生态护林员管护范围为行政区域内天然商品林和退耕还林林地,平均管护面积约4800亩。2018年初,县林业局印发了《慈利县生态护林员管理考核办法》,进一步规范和健全了生态护林员的相关管理制度。

专栏8-3　慈利县选聘292名生态护林员力促精准扶贫

发布:湖南林业 2016/11/4 10:40:38

近日,从慈利县林业局获悉,该局向省林业厅申报了《慈利县建档立卡贫困人口生态护林员选聘实施方案》,届时全县将有292名建档立卡贫困人口被聘为生态护林员。

为全面贯彻脱贫攻坚精神,根据省林业厅的统一部署,慈利县林业局按照精准扶贫、精准到户、突出重点、自愿公正、统一管理的原则,在全县建档立卡贫困农户中选聘了292名生态护林员,辐射全县25个乡镇。生态护林员管护范围为行政区域内天然商品林和退耕还林的森林,平均管护面积约为4800亩。生态护林员实行"县建、乡聘、站管、村用"的管理机制,并建立生态护林员的培训制度,对新选聘的生态护林员实行岗前培训,培训考试合格者方可上岗工作,生态护林员每人每年可获得1万元的劳务工资。

全县选聘的292名生态护林员可带动292个贫困家庭、1100名贫困人口全面脱贫,也为全县140余万亩天然商品林和退耕还林工程面积配备了专职护林人员。此举是林业部门实施生态扶贫的一项重要举措,旨在实现生态保护和扶贫攻坚的有机结合,加快全县脱贫致富步伐。

2016年11月8日慈利县联富村生态护林员选聘考察现场

(七) 凤凰县

凤凰县是湖南省湘西土家族苗族自治州所辖八县市之一，首批中国旅游强县。全县林业用地面积160万亩，现有森林面积116.4万亩，森林活立木蓄积量384.8万立方米，森林覆盖率44.9%，林木绿化率58.3%。

2016年1月，湘西土家族苗族自治州政府出台了生态护林员政策和实施办法，凤凰县人民政府也随即制定了《凤凰县生态护林员管理实施办法》；2017年全省实施《湖南省建档立卡贫困人口生态护林员管理办法》以后，凤凰县也相继出台了《凤凰县建档立卡贫困人口生态护林员实施方案》。自2016年起，根据精准扶贫的要求，全县从建档立卡贫困人口中选聘了生态护林员520人，以此为骨干建立起全县生态护林员队伍；主要管护的对象是生态公益林、天然林、退耕还林的生态林及商品林等，人均管护面积达2000亩以上。全县森林得到有效管护，推动了全县生态环境的进一步改善和旅游事业的发展。

(八) 花垣县

花垣县是湖南省重点林区县，全县林业用地面积102.45万亩，活立木总蓄积量256.2万立方米，森林覆盖率58.19%；纳入中央和省级森林生态效益补偿范围的重点公益林面积63.7万亩，自然保护区面积52万亩。

2016年以来，花垣县从建档立卡贫困人口中选聘了633名转岗护林员，组成全县森林资源管护队伍。为了充分发挥生态护林员作用，花垣县强化四项措施，积极探索转岗护林员"能进能出"的动态管理机制。一是严格生态护林员选聘程序。按照《花垣县建档立卡贫困人口生态护林员选聘实施方案》，坚持"精准、自愿、公开、公平、公正"的原则，严格从建档立卡贫困人口范围内选聘生态护林员，实行"县建、乡聘、站管、村用"的管理机制；二是建立生态护林员培训制度。为确保选聘上岗的生态护林员能尽快转换角色、胜任工作，建立了生态护林员培训制度，对生态护林员进行岗前培训和岗位再培训，截至2017年4月底，现有633名转岗生态护林员的培训工作已全面完成；三是制定生态护林员管理办法和考核细则。《花垣县生态护林员考核管理办法》对生态护林员的选聘管理方式、考核办法、考核标准、增补机制、退出机制等作出了明确规定，并建立了生态护林员动态管理数据库。四是制定生态护林员的按月督查制度。建立了由乡（镇）人民政府对生态护林员的按月督查制度，乡镇每个月对生态护林员督查一次，并对生态护林员护林履职电话畅通情况、案件举报与制止情况、巡山日志记录情况进行打分，打分结果上报林业主管部门作为发放当月管护报酬的重要依据。通过强化四项措施，全县转岗护林员"能进能出"的动态管理机制已得到全面落实。

专栏 8-4 尽职尽责护好林 生态补偿助脱贫
——花垣县建档立卡贫困户转岗生态护林员经验交流材料

2015年1月28日，习近平总书记在中央扶贫开发工作会议上提出按照贫困地区和贫困人口的具体情况，实施"五个一批"工程。为了贯彻落实习总书记的重要讲话精神，2016年，2017年，连续两年，花垣县林业局全面认真落实县委、县政府精准扶贫攻坚的重要部署，全面完成生态补偿脱贫工程转岗生态护林员脱贫目标任务，全县选聘633名建档立卡贫困户生态护林员，每名护林员年工资1万元，带动2492名贫困人口脱贫。

一、公平公正、精准选人

1. 高度重视。我县成立了生态补偿脱贫工程协调领导小组，领导小组由分管副县长杨胜望担任组长，由县林业局局长龙江涛担任常务副组长，协调小组下设办公室，确定2名专职工作人员，负责本组的工作调度、协调、督办、检查、资料汇总上报等工作。2016年、2017年局党委先后召开了生态补偿脱贫工程协调推进会6次、生态补偿脱贫工作督查会议3次、生态补偿脱贫日常工作会议4次和乡镇站所、相关责任股室生态补偿骨干人员培训会2次，研究部署生态脱贫工程的生态护林员选聘工作；将贫困人口转岗护林员选聘工作纳入生态补偿脱贫工作重点。

2. 严格准入。我局召开了3次林业站长会议，专题就建档立卡贫困户转岗护林员选聘各项事宜进行安排，各乡镇林业站按照局里安排，向乡镇党委政府汇报后，与驻村干部、驻村扶贫工作组一起实施精准摸底，要求凡新转岗护林员必须达到五个条件：一是年龄在18至70岁；二是必须是建档立卡贫困人口；三是熟悉管护责任区域的村情、山情、民情；四是身体健康，责任心强，能胜任野外巡护工作；五是政治素质良好，热爱祖国，遵纪守法。各乡镇、村委会和驻村扶贫工作组、林业站严格按照公告、申报、审核、考察、评定、公示、聘用的七个程序，公平公正选聘生态护林员。

3. 认真培训。2016年11月2日至11月17日，2017年4月11日至4月26日对全县12个乡镇的633名贫困人口转岗护林员、乡镇分管领导、乡镇林业站长进行了《护林员上岗职业道德》《护林员考核和管理制度》《森林防火》《公益林管护》《森林病虫害防治》等相关知识的培训，并与全体护林员签订了管护协议，颁发了培训合格证书。

二、公开公示、精准实施

1、规范管理。花垣县林业局适时建立了生态护林员动态管理制度，出台了《花垣县生态护林员管理办法》和《花垣县生态护林员退出管理办法》，按照这两个文件，由乡镇政府和林业站对护林员按月进行日常考核，并对护林员变更、异动等情况随时随地处理。

2、公平进出。今年7月，全县村组换届全部完成，民乐镇水田村原生态护林员龙求立被选上该村主任。根据规定，村干部不能担任生态护林员。县林业局了解这一情况后，及时将他换了下来，由该村村民龙老汉接替担任生态护林员。

石栏镇辽求村麻宝律因外出务工不能胜任护林工作，也被换了下来，由该村村民麻兴文接替担任生态护林员。2016、2017年，因各种原因被撤换的护林员共有62个，这些人被退得心甘情愿，换得公平服气。

三、公心公事、精准脱贫

1. 工资实发。2016年11月25日，在县委常委会议上要求解决除已经配套到达中央财政扶贫资金214万元以外的398.6546万元贫困人口生态护林员管护报酬资金缺口。2017年8月第一批涉农整合资金248万元到账。2017年11月第二批涉农整合资金150.6546万元到账。涉农整合资金的及时到账，保障了我县633名转岗生态护林员工资的足额按月发放。

2. 带动脱贫。因为做到了精准选人和精准实施，我县选聘的633名生态护林员的脱贫成效显著。2016年选聘的285个生态护林员，按照10000元/年的标准，发放生态管护报酬285万元，带动1134人稳定脱贫。2017年选聘的348名生态护林员，按照10000元/年的标准，发放生态管护报酬348万元，带动1358人稳定脱贫。2016、2017年两年一共带动2492人稳定脱贫。

3. 保护生态。我县633名生态护林员的上岗，为保护发展森林资源、巩固生态建设成果，建设绿色花垣提供了有力保障，同时也实现了森林资源保护与建档立卡贫困人口转岗护林员带动农民脱贫的"双赢"目标。

花垣县林业局供稿
2018年元月15日

（九）会同县

会同县位于湖南省西南边陲，是全国南方重点林区县，境内森林资源丰富，生态环境良好，与湘西南周边县一道被联合国教科文组织誉为一块"神奇的绿洲"。全县林业用地面积255万亩，占国土面积的75.7%，森林蓄积量820万立方米，森林覆盖率72.14%。

近年来，县林业局先后制定印发了《会同县生态护林员管理考核办法》和《关于加强建档立卡贫困人口生态护林员管理工作的通知》，对生态护林员的选聘、任用、工作职责和考核管理进行了明确规定，强调了"加强领导，落实责任；强化管理，规范选聘；夯实基础、加强宣传"等三个方面的具体措施，使生态护林员管理制度建设不断完善。

（十）沅陵县

沅陵县林业用地面积686.7万亩，有林地面积577.3万亩，森林覆盖率76.19%，森林总蓄积量1819万立方米，林业用地面积和森林蓄积量均居全省第一，是湖南省林业十强县。

与其他样本县不同，从2016年起，沅陵县全县的森林管护工作承包给了一家民营公司——沅陵县茂丰久森林资源管护有限公司。该公司是一家以森林管护为主要业务的民营企业，2017年4月通过县采购中心公开招标的方式中标，对全县210万亩公益林和241万亩的天然林进行管护。为将全县森林资源保护工作落到实处，规范公益林护林员管理，公司制定了《沅陵县茂丰久森林资源管护有限公司工作手册》，对管护工作实施方案、目标任务、护林员的选聘与培训及考核管理办法等都作出了明确具体的规定，建立了一套较为完善的生态护林员管理制度。与此同时县乡林业工作部门还特别注意开展了对护林员的岗位培训，有效提高了护林员的工作责任感和履职尽责能力。

> **专栏8-5　沅陵县荔溪乡召开生态护林员培训会**
> 媒体：沅陵新闻网　　作者：沅陵县荔溪乡政府
> 发布：孙元玲　2017/12/19　17：57：37
>
> 　　为深入落实生态生态护林员工作职责，切实抓好森林防火及生态公益林管护工作。12月18日上午，湖南省沅陵县荔溪乡组织开展2018年荔溪乡生态护林员签约仪式及森林防火、有害生物防治工作培训会。沅陵县林业局、沅陵县茂丰久公司、乡林业站、乡生态护林员共35人参会。
>
> 　　会上，沅陵县林业局对生态护林员进行业务培训，讲解林业法律法规和方针政策，要求每个生态护林员能清楚掌握管护区的森林资源情况、地形地貌，对管护区内发生的乱砍滥伐、乱捕滥采、违规野外用火等行为依法制止并及时上报，广泛宣传森林防火的法律法规。最后，沅陵县茂丰久公司与生态护林员现场签订聘用协议书。
>
> 　　此次培训旨在进一步明确生态护林员的工作职责，增强生态护林员的责任意识，提高生态护林员的政策执行能力和业务水平，为全乡森林管护工作顺利开展打下坚实基础。各生态护林员要明确自身的职责，自觉承担好森林生态防护工作，加强林业法律法规的学习并对村民进行广泛宣传，加强管护区的巡护工作，对管护区的情况要心中有数，做到管护区的一花一草一石一木都在心中。
>
>
>
> **沅陵县荔溪乡召开生态护林员培训会现场**

湖南省生态护林员制度建设的成效

多年以来,经过各级政府和林业部门的共同努力,湖南省生态护林员制度建设取得了明显成效,主要可归纳为以下三个方面。

一、"四项措施"奠定了生态护林员制度建设的基本框架

调查显示,湖南省生态护林员制度建设通过"严格选聘、严格培训、明确管护职责和强化督查考核"等四项措施,奠定了生态护林员制度建设的基本框架。

(一)严格选聘

各样本县依据《湖南省建档立卡贫困人口生态护林员管理办法》的规定,严格按照"公告→申报→审核→考察→评定→公示→聘用"的程序进行生态护林员的选聘工作,重点选聘政治素质好、热爱林业、年龄60岁以下、具有一定文化水平和政策理解能力、责任心强、能胜任野外巡护的贫困人口充当生态护林员,实行"县建、乡聘、站管、村用"的管理机制。

(二)严格培训

为确保选聘上岗的生态护林员能尽快转换角色、胜任工作,各样本县都建立了较严格的生态护林员培训制度,每年对生态护林员进行包括森林防火、森林资源保护、野生动物保护等基本业务知识的岗前培训和岗位再培训,着力提高生态护林员的森林管护能力。

(三)明确管护职责

各样本县对选聘的建档立卡生态护林员都签订了聘用合同,划定管护区域和面积、明确管护责任。

(四)强化督查考核

遵照《湖南省建档立卡贫困人口生态护林员管理办法》,结合各地实际,各样本县普遍制定了生态护林员管理办法和考核实施细则。在森林管护实施过程中各责任部门加强监督检查,确保管护工作及时到位。各乡镇森林管护中心对管护人员工作情况进行定期和不定期的检查。对在管护工作中取得的成绩加以总结推广并及时指出存在的问题和不足,督促整改。通过月份检查考核结果和年终考评决定是否续聘。督查考核的内容包括对责任区熟悉情况、案件举报与制止情况、出勤及巡山日志记录情况和管护工作成效等,考核打分结果作为发放月份管护费的依据;全年各月考核打分结果作为年终对护林员奖惩的重要依据。

二、"五个规范"促进了生态护林员制度建设日臻完善

多年来，湖南省围绕生态护林员标准化、专业化制度建设目标，突出做到了"五个规范"。

（一）从总体上规范护林员队伍组织体系

在生态护林员管护队伍组织体系建设方面，各县按照工作要求，基本上形成了县级管理机构——乡镇人民政府——乡镇林业站——建档立卡贫困人口生态护林员4级组成的森林管护队伍组织体系。同时，各样本县普遍建立了县级森林资源管护中心、乡镇管护站和村级生态护林员管护站的"三级网络化"管护责任主体模式。做到管护责任区和责任面积、管护人员、管护费标准、管护要求、管护措施的有机统一。

（二）从业务能力上规范护林员的培训学习

各样本县积极落实脱贫攻坚相关要求，加大对建档立卡生态护林员的学习培训力度，普遍建立并在实践中全面实施了"护林员自学+林业站个别辅导+林业局集中培训"的学习培训责任制度，使护林员的履职尽责能力得到了不断提高。

（三）从制度上规范护林员的日常管理

各样本县普遍制定了生态护林员日常管理制度措施，建立了"村级护林员自我考勤、乡镇林业站考核+考评、县林业局考评+选聘"的考勤考核考评联动管理机制，对不符合政策规定、不履行工作职责、不服从管理要求的护林员及时进行通报及调整，不断增强生态护林员管理规范化水平。

（四）从行为上规范护林员工作职责

各样本县对每位护林员的管护责任区原则上以地形、村界为界限划定，管护面积一般不少于1000亩。设立护林标牌，并在标牌上标明管护责任人及管护区的四至界限。严格规定生态护林员必须持证上岗，按照制定管护区域开展日常巡护，并当天登记巡山记录。规定非森林防火期每月巡山出勤天数不得少于20天，森林防火期要全勤在岗；因病、因事请假，需经过乡镇林业站主管考核工作的人员批准，并就近安排护林员代为巡护。通过规范的工作制度安排，切实增强了护林员的责任意识。

（五）从管理约束上规范护林员工资发放

各样本县都严格实行了生态护林员，"一月一考核、一月（季）一发放"的工资发放制度。要求"县上每季度第一月第一周必须将该季度全县护林员工资拨付到位、乡镇管护站每月25日前必须对护林员考核及工资审核到位、乡镇财政所每月（季）结束后20个工作日内必须将生态护林员工资发放到位、年度绩效考核补助与奖励在年度考核结束后30个工作日内发放到位"，生态护林员的权益保障得到有效加强。

三、"六个到位"使生态护林员制度建设得到了有效保障

（一）领导重视到位，使生态护林员制度建设得到了组织保障

森林管护工作得到各级党委、政府的高度重视。各县由县人民政府扶贫办公室或林业局脱贫攻坚领导小组办公室负责全县生态护林员项目管理工作；根据分级管理的原则，层层签订合同，订立森林管护责任状，明确县→乡（镇）→村的各级森林管护责任主体，分解任务，落实资金，分级负责。确立了各乡镇林业站长为第一责任人，实行分片管理、责任到人。对护林员逐个划定管护区域和管护面积，明确管护责任。

（二）选聘任用到位，使生态护林员队伍建设得到了人员保障

按照国家开展建档立卡贫困人口生态护林员选聘工作要求，各地普遍加强了对生态护林员选聘工作的监督管理，按照"精准、自愿、公开、公平、公正"的原则，严格做到从建档立卡贫困人口范围内选聘符合年龄条件、身体条件和责任意识的生态护林员，签订生态护林员聘用合同（管护协议）；并对选拔聘用的生态护林员进行信息登记、完善个人信息，建立健全档案。

（三）组织培训到位，使生态护林员队伍建设得到了能力保障

各样本县林业局全面开展了对生态护林员包括工作职责、森林保护、森林防火、野生动植物保护、安全护林等业务知识和政策、法规培训。要求管护人员按照管护合同要求，认真履行管护责任，提高了生态护林员的职责意识和法规政策意识，提高了生态护林员的履职技能。

（四）监督考核到位，使生态护林员制度建设得到了责任保障

各样本县通过细化护林员岗位责任制考核办法，县乡林业部门和当地乡村干部组成考核小组，采取定期和不定期地对生态护林员的工作情况进行督促检查，抽查护林员巡山日志，调查护林员职责履行情况，按照工作实效进行奖励和处罚，督促生态护林员提高工作积极性和增强责任心。将监督抓在手上、抓在日常，抓在工作实效的检查中。

（五）工资与经费到位，使生态护林员制度建设得到了后勤保障

各样本县普遍按照省里统一规定的生态护林员每人每年10000元劳务费的70%按月（季）由乡财政统一发放给每位护林员，另外30%经年度综合考核评定后作为年度绩效奖励按等级进行一次性发放。此外，各县还给每个乡镇林业站拨付了生态护林员管理专项经费，用于建档立卡贫困人口生态护林员管理，要求各林业站专款专用，合理安排，严格按程序报账。实行项目所有程序公开、公告、公示制度，坚决杜绝"雁过拔毛"式腐败；并接受审计、纪检和社会舆论监督。

（六）奖惩到位，使生态护林员制度建设得到了纪律保障

各县在相关制度中都明确了具体的考核奖惩办法。县级林业部门每年组织对建档立卡贫困人口生态护林员的工作进行一次综合考核，按照考勤、工作实效等情况进行考核考评，与年终目标考核绩效挂钩。对模范执行巡护任务、制止破坏森林资源作出成效的，由县级林业部门给予奖励；有突出贡献者，可向同级人民政府或上级林业部门申报奖励；对不尽职责、滥用职权、违犯法纪者，由聘用单位视其情节轻重，给予批评教育、扣减劳务报酬、解聘等处理，触犯刑律的，移交司法机关处理。

（七）基础设备配置到位，使生态护林员制度建设得到了功效保障

在生态护林员基础设备配置方面，各样本县财政均拿出一定数额的资金，用于配备护林员工作马夹、袖章、专用挎包、强光手电、水壶、扩音器、户外求生哨、医疗急救包等巡护装备，添加和修补护林宣传广告碑牌与管护标识，还印制了培训合格证、上岗证、聘书、护林日志和护林员工作手册等工作资料。各样本县还为护林员购买了人身意外伤害保险。随着这些基础设备配置逐步到位，提升了护林员队伍标准化建设水平和意外伤害防范能力，同时也显著提高了护林员的工作积极性和管护成效。与2014年相比，2017年各样本县森林火灾面积平均下降了31.59%；森林鼠害面积平均减少了31.56%（表8-2）。

表8-2 样本县生态护林员制度建设成效分析

项目	森林火灾面积（亩）				森林鼠害面积（亩）			
	2014	2015	2016	2017	2014	2015	2016	2017
平江	4360	1200	240	240	14210	2720	2010	2010
茶陵	2250	2250	526	650	2100	2100	12270	2000
衡阳	31	0	0	315	65900	64420	57600	52226
新邵	1350	1230	1120	1060	106700	76500	46300	86000
蓝山	1466	1269	1466	2467	91992	25169	6800	167
慈利	120	935	4006	499	52800	67700	87800	87000
花垣	727	599	599	101	9000	5000	5000	4500
凤凰	1824	349	350	350	14210	9000	7210	3120
会同	2537	777	2034	222	78900	97562	123700	118000
沅陵	524	1640	2543	4487	185	51900	33000	600
合计	15189	10249	12884	10391	435997	402071	381690	355623
定基下降（%）	—	32.52	15.18	31.59	—	22.62	26.55	31.56

生态护林员制度建设的问题与建议

一、主要问题

（一）护林员文化素质偏低，管护能力普遍较差

自实施《建档立卡贫困人口生态护林员管理办法》以来，由于生态护林员必须从建

档立卡贫困人口中产生，对扶贫是产生了明显效果，但由于建档立卡的贫困人口普遍素质较低、工作能力较差，对生态护林效果产生了一定的消极影响。样本县调查数据显示，2018年从建档立卡贫困人口中选聘的生态护林人员入职前小学以下文化程度的大约占46%，初中文化程度的占42%，高中以上文化程度的大约为12%。由于文化程度低，能掌握的专业技能较少。尽管经过短期培训，但也很难一下子就掌握森林管护、防火、有害生物防治监测等方面的专业知识与技能，大多只能进行基本的巡护。而他们在森林管护工作中占有主导地位，其专业素质不高将对森林管护成效造成一定程度的影响。

（二）林区道路等基础设施差，护林员年龄普遍偏大

一方面，由于生态护林员的管护责任区大多分布在远山区和半远山区的深山老林之中，林区道路不通，坡陡地险、灌木丛生、路途遥远，客观上造成了森林资源管护工作的困难。另一方面，在满足建档立卡贫困人口及其他条件的人口中选聘出来的生态护林员年龄普遍偏大。调查显示，2018年各样本县选聘的生态护林员40岁以下的占14%，40~50岁之间的占36%，50~60岁之间的占42%，60岁以上的占8%。由于护林员年龄偏大、道路艰辛，巡护范围广，导致护林员的管护工作普遍反映为心有余而力不足。同时，也给护林员带来了野外工作伤害风险。

（三）资源保护与发展之间的矛盾突出，生态护林员工作难度大

湖南省是我国重点集体林区省份，对林业生产依赖较大。加之脱贫攻坚任务艰巨，使得森林资源保护与社会经济发展之间的矛盾加剧。现阶段天然林保护工程、湖南省的封山育林工程，公益林和天然林禁伐等林业生态项目实施，进一步加大了森林资源保护的压力。一些依靠采伐和销售林木获得经济收入的林农或企业由于采伐受限而使收入大幅减少，爱林护林的积极性受到打击。一些林地因为历史、行政区划、林地界址划定不清等因素造成的一些纠纷林地、一地两证林地、插花山林地，违规采伐和无证采伐屡禁不止，偷伐盗伐时有发生，给生态护林员的管护工作添加了隐患，管护难度很大。

二、建议

（一）以工作任务为导向，选聘高素质人员充实生态护林员队伍

在生态护林员选聘制度建设方面，应克服必须从建档立卡贫困人口中选聘的政策局限。可以本着建档立卡贫困人口优先的原则、从农村社会大众中选拔高素质、有能力、年龄适合、身体条件好、责任心强的人员充实生态护林员队伍。只有这样，才能克服当前护林员队伍普遍存在的文化程度低、素质差、能力不强、年龄较大、工作难以适应的局面。让生态护林员队伍真正成为一支高素质、懂政策、业务能力较强的专业化管护队伍。有条件的重点林区，可以考虑成立像沅陵县一样专业化的森林资源管护公司，建设一支文化程度相对较高、能力较强、反应较快、稳定性较好的专业化护林队伍。

（二）加强林区基础设施建设，提高森林资源管护现代化水平

目前，林区基础设施很差，很多山区还没有通自来水，通信网络信号不好，尤其是基本上没有林道建设。集体林权制度改革以后，林区劳动力外出打工增多，村民收入增加，生活用煤增加，烧柴越来越少，林区原有的山间小道都已经灌木丛生，尤其在偏远山区，封山育林后有些已经基本上找不到人行道路。为方便护林员巡山，确保护林员巡山安全，更为了及时应对山林火灾，必须下决心加强林区道路和通信设施建设。建议国家财政拨出专项资金对林区网络通信设施进行重点建设；建议国家财政与地方财政分摊资金逐年加大林区道路和自来水等基础设施建设投入，从根本上改变山区基础设施建设严重落后的现实。

（三）强化各级财政对生态护林工作的支持，切实提高生态护林员工作待遇

当前，建档立卡贫困人口生态护林员的工作待遇总体较低，使具有较高能力的青壮年劳动力不愿意从事生态护林工作，在一定程度上影响了生态护林员队伍的能力与素质建设。为改善这种状况，各级财政应进一步强化对生态护林工作的支持力度，逐步提高生态护林员的工资福利待遇，使生态护林员工作得到全社会的重视与支持，促进生态护林员队伍能力建设的不断发展。

（四）建立稳定可靠的生态保护基金，以缓解资源保护与发展之间的矛盾

马克思政治经济学理论与西方产业经济学理论都已充分说明，产业发展必须走规模化、专业化、商品化生产的发展道路。在当今社会历史条件下，林业作为一种社会产业的经济功能正在逐步退化，而作为一种社会公益性事业的生态功能正在逐步得以加强。而森林生态功能价值的实现，需要创造多种价值实现形式与途径。首先，林业作为一项公益性事业，必须得到国家财政的充分扶持；随着国家财力的壮大，国家必须逐年加大对林业的财政转移支付。其次，森林作为净化大气、涵养水源和森林康养的主要资源载体，林业理应得到大气污染源排放者、水资源受益者和森林康养受益者的经济补偿。建议通过对碳污排放和自来水用户、森林公园与湿地公园门票加征森林生态保护税，以此建立稳定可靠的生态保护经费来源，夯实森林生态保护的经济基础，逐步提高森林生态补偿力度，缓解资源保护与发展之间的矛盾与问题，确保生态护林工作的和谐稳定发展。

附 录

附表1　2017年以来的重要政策、讲话和会议

类别	主要内容
重要政策文件	2017年6月5日，国家林业局《关于深入学习贯彻习近平总书记重要指示精神进一步深化集体林权制度改革的通知》，明确要求各有关省份抓紧出台省级深化集体林权制度改革的文件，重点从推进三权分置，引导和规范流转，培育新型经营主体，加大金融支持，加强社会化服务体系建设，大力发展产业等方面着力推进改革的深化完善
	2017年7月18日，国家林业局《关于加快培育新型林业经营主体的指导意见》，要求加快构建以家庭承包经营为基础，以林业专业大户、家庭林场、农民林业专业合作社、林业龙头企业和专业化服务组织为重点，集约化、专业化、组织化、社会化相结合的新型林业经营体系
	2018年1月2日，中共中央、国务院《关于实施乡村振兴战略的意见》，提出"产业兴旺、生态宜居、乡风文明、治理有效、生活富裕"的总要求，并强调，生态宜居是乡村振兴的关键，良好生态环境是农村最大优势和宝贵财富，要统筹山水林田湖草系统治理，加强农村突出环境问题综合治理，建立市场化多元化生态补偿机制，增加农业生态产品和服务供给
	2018年5月9日，国家林业和草原局《关于进一步放活集体林经营权的意见》，提出加快建立集体林地三权分置运行机制，积极引导林权规范有序流转，拓展集体林权权能，创新林业经营组织方式，健全完善利益联结机制，推进产业化发展，依法保护林权，提升管理服务水平
	2019年4月14日，中共中央办公厅、国务院办公厅《关于统筹推进自然资源资产产权制度改革的指导意见》，提出以完善自然资源资产产权体系为重点，以落实产权主体为关键，以调查监测和确权登记为基础，着力促进自然资源集约开发利用和生态保护修复，加强监督管理，注重改革创新，加快构建系统完备、科学规范、运行高效的中国特色自然资源资产产权制度体系
	2019年7月23日，自然资源部、财政部、生态环境部、水利部、国家林业和草原局关于印发《自然资源统一确权登记暂行办法》的通知，指出国家实行自然资源统一确权登记制度，自然资源统一确权登记以自然资源登记单元为基本单位，并随文发布《自然资源统一确权登记工作方案》
	2019年11月26日，中共中央、国务院《关于保持土地承包关系稳定并长久不变的意见》，提出稳妥推进"长久不变"实施：稳定土地承包关系，第二轮土地承包到期后再延长三十年，继续提倡"增人不增地、减人不减地"，建立健全土地承包权依法自愿有偿转让机制
重要讲话	2017年5月23日，习近平总书记对福建集体林权制度改革作出重要指示，要求福建深入总结经验，不断开拓创新，继续深化集体林权制度改革，更好实现生态美、百姓富的有机统一，在推动绿色发展、建设生态文明上取得更大成绩
	2017年5月31日，国家林业局局长张建龙在福建省武平县调研集体林权制度改革时强调，要深入学习贯彻落实习近平总书记重要批示精神，以总书记的批示指示为指引，继续深化集体林权制度改革
	2018年6月10~12日，国家林业和草原局局长张建龙在福建调研集体林权制度改革工作时强调，要深入学习贯彻习近平生态文明思想和习总书记关于集体林权制度改革的重要批示指示精神，认真践行绿水青山就是金山银山的理念，总结推广福建全面深化集体林权制度改革的先进经验，服务乡村振兴战略和精准扶贫脱贫，推动全国集体林权制度改革不断向纵深发展，更好实现生态美、百姓富有机统一

(续)

类别	主要内容
重要会议	2017年1月5日，国家林业局局长张建龙在全国林业厅局长会议上强调，全国林业系统要着重抓好全面深化林业改革，充分调动新型经营主体和广大农民经营林业的积极性
	2017年6月27日，国家林业局党组理论学习中心组学习会召开，会议深入学习了习近平总书记关于福建集体林权制度改革的重要批示精神，围绕深化集体林权制度改革和发展林业产业等方面进行集中学习研讨。国家林业局党组书记、局长张建龙主持学习会并强调，习近平总书记的重要批示是全面深化林改的根本遵循，是全面深化林改的动员令。各级林业部门要认真贯彻落实习近平总书记重要批示精神，系统总结福建集体林改成功经验，归纳出更多可复制、可推广的改革模式，把全国深化集体林权制度改革引向深入
	2017年7月27日，汪洋副总理出席在福建武平县召开的"全国深化集体林权制度改革经验交流座谈会"并在讲话中指出：要深入总结推广福建集体林权制度改革的经验，不断开拓创新，推动林业改革再上新台阶。要进一步理顺林业发展的体制机制，加大政策支持力度。要逐步建立集体林地所有权、承包权、经营权分置运行机制，积极引导适度规模经营，强化管理和服务，发展壮大涉林产业。要坚持林地农民集体所有不动摇，不能削弱集体林地家庭承包的基础性地位；坚持森林生态保护红线不放松，不能以牺牲和破坏生态环境为代价；坚持农民利益不受损，不能借改革之名与民争利、损害农民合法权益
	2018年1月4日，国家林业局局长张建龙在全国林业厅局长会议上指出，林业改革已经进入攻坚阶段，要敢于在关键领域寻求突破，大胆创新产权模式，推进国有自然资源有偿使用，拓展集体林经营权权能，健全林权流转和抵押贷款制度，以吸引更多资本参与林业建设
	2019年1月14日，全国林业和草原工作会议在安徽省合肥市召开。会议强调，要积极推进集体林权三权分置，进一步放活经营权，培育新型经营主体，引导社会资本有序进山入林，促进适度规模经营，不断提升集体林业发展水平。要深化林业草原"放管服"改革，强化行政审批事项事中事后监管，提高审批效率和服务水平
	2019年12月30日，全国林业和草原工作会议在北京召开。会议指出，当前和今后一个时期，推进林草治理体系和治理能力现代化，要着力完善和发展集体林权制度，保持集体林地承包关系长久稳定，健全集体林地"三权"分置运行机制，放活集体林地经营权，鼓励各种社会主体参与林权流转，积极培育新型经营主体，促进集体林地适度规模经营

附表2　样本县抽取结果

样本省	分布	样本县
辽宁	辽东	本溪县、桓仁县、开原市、铁岭县、宽甸县、清原县、新宾县
	辽中	辽阳县
	辽西	北票市、建昌县
福建	闽西北	永安市、尤溪县、漳平市、永定县、建瓯市、政和县、武夷山市
	闽东	屏南县
	闽南	长泰县、仙游县
江西	赣北	武宁县、宜丰县、德兴市、铅山县
	赣中	永丰县、遂川县、黎川县、乐安县
	赣南	崇义县、信丰县
湖南	湘中	茶陵县
	湘西	沅陵县、会同县、慈利县、凤凰县、花垣县
	湘南	新邵县、蓝山县、衡阳县
	湘北	平江县

(续)

样本省	分布	样本县
云南	滇东北	大关县、罗平县
	滇西北	永胜县、腾冲县、弥渡县、禄丰县
	滇南	景谷傣族彝族自治县、建水县、麻栗坡县、景洪市
陕西	关中	户县、太白县、澄城县
	陕北	黄陵县、安塞县、佳县、定边县
	陕南	西乡县、宁陕县、丹凤县
甘肃	陇中	会宁县、通渭县、永靖县
	陇东	泾川县、灵台县、合水县
	陇南	清水县、宕昌县、康县、徽县

(续)

附 录

集体林权制度改革监测工作得到了财政部、国家发展和改革委员会、国家统计局、国务院政策研究室、中央农村工作领导小组办公室等单位的大力支持,得到了北京林业大学、福建农林大学、江西农业大学、中南林业科技大学、西南林业大学、西北农林科技大学和甘肃农业大学7所高校师生的全程协助。

同时,辽宁、福建、江西、湖南、云南、陕西和甘肃省各级林业主管部门,特别是本溪、桓仁、开原、铁岭、宽甸、清原、新宾、辽阳、北票、建昌、永安、尤溪、漳平、永定、建瓯、政和、武夷山、屏南、长泰、仙游、武宁、宜丰、德兴、铅山、永丰、遂川、黎川、乐安、崇义、信丰、茶陵、衡阳、会同、新邵、蓝山、平江、慈利、凤凰、花垣、沅陵、大关、罗平、永胜、腾冲、弥渡、禄丰、景谷、建水、麻栗坡、景洪、户县、太白、澄城、黄陵、安塞、佳县、定边、西乡、宁陕、丹凤、泾川、合水、徽县、康县、宕昌、会宁、灵台、清水、通渭、永靖县(市)林业局的密切配合,为本项工作的顺利开展提供了有力支持。

集体林权制度改革监测是一项开拓性的工作,还需要不断完善,不断开拓创新。敬请广大读者提出宝贵意见。

联系方式:
地　址:北京市东城区和平里东街18号,100714
　　　　国家林业和草原局经济发展研究中心
　　　　国家林业和草原局农村林业改革发展司
　　　　国家林业和草原局规划财务司
电　话:010-84239560,84238538,84238422
E-mail:gjlyjdys@sina.com

编著者
2019年12月